# Sumario

GRANDES ESPACIOS / OUTDOOR
Nº 298/ 7,90 €

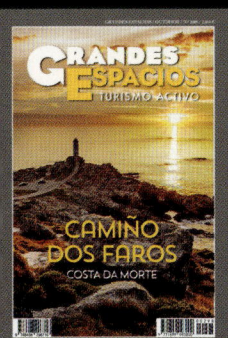

FOTO DE PORTADA
*El último sol en faro Roncudo.*
© Eduardo Verdes

www.desnivel.com/grandesespacios

**EDITA:** Ediciones Desnivel S.L.
C/ San Victorino nº 8 • 28025 Madrid.
**Tel: 913 602 242 • Fax: 913 602 264**
grandesespacios@desnivel.com
www.desnivel.com

Director: DARÍO RODRÍGUEZ.
Redactor jefe: DIONI SERRANO.
Director de arte: GREGORIO ARRANZ.
Publicidad: MARÍA ÁNGELES TRUJILLO.
Distribución: MARÍA JOSÉ SANTAMARÍA

Imprime: Nueva Imprenta. Papel ecológico
(totalmente libre de cloro). Distribuye: SGEL.
Depósito legal: M-39544-1995
ISSN: 1699-093000
ISBN: 978-84-9829-671-6

## Suscripciones
Tel. 91 360 26 20
suscripciones@desnivel.com
www.desnivel.com/suscripcion

## O CAMIÑO DOS FAROS
### 200 kilómetros a pie por la Costa da Morte
O Camiño dos Faros es una ruta a pie que une Malpica con Finisterre
siempre al borde del mar. Un camino que visita los lugares más emblemáticos de la Costa da Morte, con un mar bravío como protagonista estelar. Un viaje extraordinario por la costa más salvaje de nuestro país.

# Ares del Maestrat

## PUEBLO Y NATURALEZA COMO SIEMPRE LOS

Durante el tiempo que empleamos en recorrer los últimos kilómetros de la carretera que sube hasta Ares del Maestrat tomamos consciencia de varias cosas: de que nos gustaría ser pájaro y de que nos gustaría tener una buena cámara fotográfica. Porque Ares es de esos pueblos que te enamoran con un flechazo y que parecen estar ahí para que sintamos ganas de sobrevolarlo y de fotografiarlo desde todos sus ángulos y a todas horas.

ARES DEL MAESTRAT es uno de los municipios de la comarca del Alt Maestrat, en el interior de la provincia de Castellón, ahí donde los paisajes están repletos de contrastes y donde los cielos viven limpios, un municipio con una riqueza cultural, natural y gastronómica cargada de transcendencia.

Ares del Maestrat, encaramado a la Mola d'Ares, un cerro rocoso con forma de muela gigantesca, no deja indiferente a nadie. Ares impresiona y el entorno y la comarca en la que se halla, también. Ares y el Alt Maestrat poseen todos los atributos esenciales para ser un lugar perfecto en el que descansar, realizar visitas

ARCHIVO GE

ADOBE STOCK /VEOY.COM

# HAS QUERIDO VIVIR

Las casas de Ares del Maestrat se apiñan en la Mola d'Ares. Arriba, los cortados rocosos del municipio son la vivienda de una numerosa colonia de buitres leonados. Sobre estas líneas, pinturas rupestres en Tirig, donde está el único museo de arte rupestre del territorio valenciano.

culturales y disfrutar de la naturaleza en estado puro.

Las tierras del Alt Maestrat son agrestes, atravesadas por profundos barrancos y custodiadas por elevadas paredes de roca. Y estos paisajes están atravesados por numerosas rutas naturales. Son lugares donde se esconden la cabra montesa, las ginetas o los corzos, y donde cada día surcan sus cielos aves tan majestuosas como el águila real, los buitres leonados o el búho real. Y aquí también se puede ser testigo de la tranquilidad con la que pastan vacas, cabras y ovejas.

Hace más de 7000 años que los primeros habitantes de estas tierras pintaron los abrigos en la roca con escenas de la vida cotidiana. A escasos diez kilómetros se encuentran las pinturas rupestres del barranco de la Gasulla, donde destaca la Cova Remigia, con más de 750 figuras en buen estado de conservación. Este y otros abrigos del barranco fueron declarados Patrimonio de la Humanidad por la UNESCO y pueden visitarse acompañados de un guía.

Pero estas expresiones artísticas no se acaban ahí. En Tirig se encuentra el Museu de la Valltorta, que

*Ares del Maestrat*

**Castellón**

**Valencia**

**Alicante**

FOTOS: FRANCISCO JAVIER SOBRINO

# PUEBLO Y NATURALEZA COMO SIEMPRE LOS

puede presumir de ser el único museo de arte rupestre del territorio valenciano. Este museo es el centro de referencia para la investigación, gestión y divulgación del arte rupestre valenciano y da nombre al Parque Cultural de la Valltorta-Gassulla. El parque alcanza una superficie de unos 82 kilómetros cuadrados repartidos por los términos municipales de Albocàsser, Ares del Maestrat, Benassal, Catí, Les Coves de Vinromà, Morella, Tírig y Vilar de Canes.

## Tesoro de piedra

Hay más huellas creadas por el ser humano, las de quienes trabajaron las construcciones de *pedra en sec*. Estamos ante un ejemplo valiosísimo de Patrimonio Inmaterial de la Humanidad, concedido por la UNESCO. Se trata mayoritariamente de muros y chozos de pastor hechos sólo de piedra en seco, un tipo de construcción en la que se superponen las piedras una encima de otras, sin nada más que las ligue que su fisonomía plana y su propio peso. Estas construcciones dibujan un paisaje rural que se extiende prácticamente por todas las laderas de las montañas donde antiguamente se desarrolló algún tipo de actividad agrícola o ganadera. Aún hoy impresiona ver cómo se mantienen erguidas con una solidez abrumadora.

Cada rincón de Ares del Maestrat enamora por su valor paisajístico y su naturaleza en estado

TURISME COMUNITAT VALENCIANA

En la foto grande, Ares y el Alt Maestrat cuentan con rutas señalizadas y numerosos senderos homologados. Arriba, las construcciones de *pedra en sec* del territorio están declaradas Patrimonio de la Humanidad. Sobre estas líneas, un rincón de Ares del Maestrat.

# HAS QUERIDO VIVIR

puro por la que perderse. Empezando por el Paraje Natural de la Mola de Ares, uno de los espacios naturales protegidos del término municipal, de una belleza y singularidad que lo ha llevado a convertirse en un emblema del paisaje del interior de la provincia de Castellón y siguiendo por cualquiera de sus micro reservas y árboles monumentales. No en vano, Ares y el Alt Maestrat cuentan con rutas señalizadas y numerosos senderos homologados con los que conocer los secretos de espectaculares parajes con excursiones a pie, en bicicleta o a caballo, entre pinos, robles, encinas, praderas y otros muchos paisajes de enorme riqueza medioambiental.

Y para que la visita a estas tierras sea perfecta, nos acercaremos a su gastronomía y no dejaremos de probar la Olla d'Ares o el Tombet de cordero, los quesos artesanos, la miel, turrones y los excelentes aceites de oliva virgen.

Más info en:

COMUNITAT VALENCIANA

www.comunitatvalenciana.com

Fervenza do Pombar

POEMA VISUAL

# Fervenzas de Galicia

El gallego tiene una docena de palabas para denominar a los saltos de agua dependiendo de su tamaño y forma: fervenzas, férvedas, fírvedas, freixas, fechas, ficheiras, chorreiras, cadoiros, saltos, cachóns, callóns, cachoeiras, abanqueiros, ruxidas, ruxidoiras, rexedoiras, cenzas, caeiras, pincheiras, seimeiras… Esta riqueza lingüística es un reflejo de la multitud de cascadas que hay en Galicia.

Fervenzas de Gosolfre

Fervenza do Muíño da Serra

POCAS cosas en la naturaleza son tan atractivas como las cascadas. Suelen estar en rincones de gran belleza que, a veces roza lo mágico, y su contemplación ejerce un efecto sedante. En Galicia, donde el agua es abundante y el relieve muy quebrado, con montañas que llegan hasta los dos mil metros de altitud, los ríos, regatos y arroyos crean centenares de saltos de agua que constituyen uno de los más potentes valores naturales de la región.

Turismo de Galicia ha preparado una guía que recoge una selección de las fervenzas más relevantes, clasificadas en trece grupos según la característica que mejor las define: su altura, su caudal, la formación de pozas, de toboganes… He aquí una pequeña representación de lo que espera al viajero.

## 1. Fervenza de Belelle

Ayto. de Neda, parroquia de Santo André de Viladonelle
**Coordenadas:** 43.481933 - 8.121205

Esta cascada se encuentra en el río Belelle, que nace en el barranco de A Cernada, en la parroquia de San Martiño de Goente y desemboca en la ría de Ferrol. Hasta ella se llega por una ruta que comienza en el aparcamiento situado junto al pazo llamado de Isabel II, antigua fábrica de tejidos.

## 2. Seimeira de Vilagocende

Ayto. de A Fonsagrada, parroquia de San Martiño de Suarna
**Coordenadas:** 43.095166 - 7.045852

El recorrido hasta la cascada, de apenas un kilómetro, comienza en un aparcamiento poco antes de llegar al lugar de Vilagocende, en la carretera LU-721. Un cartel bien visible lo indica. El camino discurre por un bosque de ribera, con robles, abedules y alisos. La cas-

cada cae desde 54 metros de altura y es una de las más altas de Galicia en caída libre.

## 3. Fervenza da Graña

Ayto. de Forcarei, parroquia de Santa María A Madalena de Montes
**Coordenadas:** 42.540366 - 8.258651

El camino hasta la fervenza comienza en la aldea de A Graña y atraviesa un bosque de robles y castaños donde el sendero está algo perdido. Una pequeña cascada precede al objetivo: un impresionante salto de agua de 20 metros de altura en el corazón de la Serra do Candán. En épocas de abundantes lluvias podemos encontrar tramos inundados.

## 4. Fervenza do Pombar

Ayto. de Quiroga, parroquia de Santa María de Outeiro
**Coordenadas:** 42.534951 - 7.144049

Poco antes de llegar al lugar de A Cruz de Outeiro por la carretera LU-P-5001 hay que buscar en el margen izquierdo de la carretera, una flecha de madera que indica el inicio de la pista que conduce a la cascada de O Pombar en poco menos de un kilómetro. La pista poco a poco se va convirtiendo en un sendero estrecho, pedregoso y empinado.

## 5. Fervenzas de Toxos Outos

Ayto. de Lousame, parroquia de San Xusto de Toxos Outos
**Coordenadas:** 42.811684 - 8.819416

Justo detrás del monasterio de San Xusto, en el lugar de Toxos Outos, salta la primera de las dos cascadas que forma el río San Xusto, así como dos molinos en estado de abandono. El segundo de los saltos está sólo unos pocos metros más arriba.

## 6. Fervenzas dos Casariños

Ayto. de Fornelos de Montes, parroquia de San Xosé da Laxe
**Coordenadas:** 42.343128 - 8.360973

El camino para llegar a las fervenzas comienza en el área recreativa de A Eiroa que cuenta con un panel informativo. En un alto hay un banco desde el que se pueden observar las cascadas en todo su esplendor. Después el camino desciende hasta ellas. El recorrido no tiene dificultad, pero hay que tener cuidado de no resbalar.

## 7. Fervenza do Pozo da Ferida

Aytos. de Xove y Viveiro
**Coordenadas:** 43.617053 - 7.531425

En la parroquia de Santo Estevo de Valcarría encontramos las primeras señales que dirigen hacia el pozo da Ferida y, una vez que la carretera termina, dejaremos el coche para seguir a pie unos 600 metros por un camino. El salto de agua que forma el río Xudreiro, cae desde una altura de 20 metros formando una gran piscina natural.

## 8. Fervenza da Noveira

Ayto. de Mazaricos, parroquia de Santiago de Arcos
**Coordenadas:** 42.906626 - 9.085209

En la depuradora de A Noveira hays un panel informativo de la Ruta das Fervenzas que, además de la de A Noveira, incluye las cascadas de Gosolfre, Fírvado, Vioxo-Chacín y Santa Locaia. Desde ahí caminaremos sólo unos metros hasta llegar a esta singular cascada, de unos 10 metros de altura que se caracteriza por las rocas erosionadas y las piscinas naturales a varios niveles.

### 9. Fervenza do Muíño da Serra o do Pereiro
Aytos. de Vedra y Boqueixón
**Coordenadas:** 42.795301 - 8.482065

Desde Santiago de Compostela cogemos la N-525 en dirección a Lestedo y a la altura del km 13 se toma el desvío a Ramil y continuamos en dirección a la AP-53. Encontrar esta cascada no es fácil por la falta de señalización. Tendremos que llegar hasta un túnel que pasa bajo las vías del tren y aparcar para bajar hasta el río Pereiro o Saramo. Esta fervenza salva un desnivel de ocho metros. Es única por su forma de X.

### 10. Fervenzas de Gosolfre
Ayto. de Mazaricos, parroquia de Santa Baia de Chacín
**Coordenadas:** 42.889308 - 8.948717

Llegaremos a ella desde la aldea de Gosolfre, bajando hasta las riberas de los ríos de San Paio y

**Seimeira de Vilagocende**

Santa Locaia. La primera cascada es un tobogán de agua muy vertical que ha horadado la piedra. Por debajo hay otra cascada de unos tres metros de altura, dividida en dos por una roca. La senda traza un círculo que nos aleja del río y que en fuerte pendiente conduce a una cascada impresionante, rodeada de un denso bosque, con una altura de unos 15 metros.

### 11. Corga da Fecha
Ayto. de Lobios, parroquia de Santa María do Río Caldo
**Coordenadas:** 41.844945 - 8.107253

Una de las fervenzas más altas de Galicia sólo puede verse después de abundantes lluvias. Sus aguas desembocan en el río Caldo que pasa por el balneario de Lobios, donde comienza la ruta señalizada a pie. A la parte alta se llega por un sendero rocoso y con fuerte pendiente que permite observar la cascada desde distintos puntos.

### 12. Fervenza de Augacaída
Concello de Pantón, parroquia de Santiago de Vilar de Ortelle
**Coordenadas:** 42.51725 - 7.712681

En la carretera de Marce encontraremos una pequeña zona de aparcamiento donde comienza el camino. El primer kilómetro discurre por un camino ancho entre robles y viñedos abandonados. Después se baja por una estrecha senda que enlaza con una portentosa escalera que parece engullirnos. Un mirador permite asomarse a esta cascada de unos 40 metros de altura.

### 13. Fervenza do Escouridal
Ayto, de Alfoz, parroquia de Santa María do Pereiro
**Coordenadas:** 43.478226 - 7.497349

La ruta comienza en la carretera LU-P-0101 antes de llegar a la parroquia de San Xurxo de O Cadramó. El comienzo está señalizado. Sólo hay que caminar 1,5 km hasta llegar al lugar en el que el río Guilfonso se desliza sobre la roca granítica desde una altura de unos 80 metros, separando los ayuntamientos de Alfoz y O Valadouro.

Más información en:

**Fervenzas dos Casariños**

## 200 KM POR A COSTA DA MORTE

# O CAMIÑO
# DOS FAROS

O Camiño dos Faros es una ruta a pie de 200 kilómetros que
une Malpica con Finisterre siempre al borde del mar.
Un camino que visita los lugares más emblemáticos de la Costa
da Morte con un bravío mar como protagonista estelar.
Un viaje extraordinario por la costa más salvaje de nuestro país.

EN diciembre del 2012 un grupo de aficionados al excursionismo se lanzó a la aventura de caminar desde Malpica hasta Finisterre yendo lo más cerca posible del mar. Lo lograron después de varias semanas explorando la costa en busca de caminos y sendas. Con el paso del tiempo y el tránsito de caminantes —*trasnos* se llaman los que hacen el Camiño en referencia a los traviesos duendes de la tradición gallega— hubo que hacer cambios en algún tramo y «abrir» otros nuevos.

Al calor del Camiño se creó una asociación que lo promocionó con marchas populares, lo marcó y se ocupó de mantenerlo con sus propios medios y la colaboración ocasional de los concejos con el propósito de que O Camiño dos Faros perviviera en el tiempo y se recorriera con el máximo respeto a la naturaleza.

A pesar de su popularidad, de los premios recibidos, de ser producto estrella en una edición de Fitur, de protagonizar proyectos educativos y medioambientales y de haber sido destacado por la prensa de varios países europeos, la Asociación Camiño dos Faros no ha conseguido que sea homologado como sendero GR. El motivo: la falta de interés, cuando no las zancadillas, de algunas administraciones y organizaciones.

Contra viento y marea —y nunca mejor dicho—, O Camiño dos Faros sigue vivo y goza de buenas salud, y son muchos los excursionis-

Toda la ruta está marcada con flechas verdes, algunas huellas y puntos del mismo color verde que ayudan a seguir el camino. Los tracks de las etapas se pueden descargar de la web www.caminodosfaros.com.

FOTOS: ANTONIO GONZÁLEZ

tas venidos de dentro y fuera del país, los que lo conocen y lo promocionan. La propia ERA (Federación Europea de Senderismo) ha mostrado interés por nombrarla *Leading Quality Trail* de Europa, un sello de calidad que sólo puede conseguir si es homologado.

La divisa del O Camiño dos Faros es la variedad de paisajes diferentes por los que pasa, siempre con el mar como protagonista. Faros, playas, dunas, ríos, acantilados, bosques, estuarios, castros, villas marineras, puestas de sol… Es una ruta de senderismo que ofrece un mundo de sensaciones únicas. El lema utilizado por la Asociación para promocionarlo lo resume bien: «Un paisaje en cada paso».

## DE MUCHO INTERÉS

A pesar de que el Camiño es una ruta costera, está muy lejos de ser sencilla. Las etapas son una montaña rusa, con continuas subidas y bajadas. Varias etapas que rozan o sobrepasan los 1000 metros de desnivel demuestran que el Camiño está más cerca de ser un trekking de montaña que de una excursión litoral.

**Logística.** El camino se puede hacer de forma individual y en autosuficiencia, pero hay que tener presente que en su totalidad transcurre por la Red Natura 2000, y está prohibida la acampada y el vivac. Una agencia de viajes de Cee (y muchas agencias de otros países europeos) incluye el recorrido en su programa ofreciendo paquetes en grupo e individuales. Se puede consultar en la web de la Asociación **www.caminodosfaros.com**

**Alojamiento.** Todas las etapas, salvo las de Niñóns y la de Arou, terminan en poblaciones con servicios turísticos. En Niñóns y Arou se puede recurrir a taxis locales para ir a pueblos con alojamientos. En el apartado «Info práctica» de la web de la Asociación hay un listado de alojamientos, restaurantes y taxis a lo largo de toda la ruta.

**Orientación.** Toda la ruta está marcada con flechas verdes, algunas huellas y puntos del mismo color que ayudan a seguir el camino. Las marcas sólo están dispuestas para el sentido Malpica-Fisterra. En todo caso, se pueden descargar los tracks de las etapas por medio de los enlaces y códigos QR que están al principio de la descripción de las etapas que encontrarás en las siguientes páginas. También se pueden descargar de la web de la Asociación.

**Bicicleta.** Es imposible de hacer en bici O Camiño dos Faros ya que va por estrechos senderos llenos de rocas y grandes pendientes que hacen imposible más de la mitad de la ruta para una bicicleta de montaña. Hay una alternativa ciclable que puede consultarse en **https://www.caminodosfaros.com/btt/**

https://desni.in/caminofaros1

### Etapa 1

# MALPICA → NIÑÓNS

**LONGITUD:** 22,5 km. **DESNIVEL:** 695 m positivos y negativos. **TRACK:** https://desni.in/caminofaros1

La primera etapa de la ruta empieza en la entrada del puerto de Malpica para llegar a la playa de Niñóns después de recorrer 22 kilómetros, con mucho sube y baja. En el camino se cruzan hasta seis tranquilas playas con sus correspondientes bahías, se avistan las Islas Sisargas con su faro, se bordean grandes acantilados... una buena muestra de los que nos espera en los próximos días.

El faro de punta Nariga está en un entorno precioso, con multitud de rocas a las que la erosión ha dado formas caprichosas.

L A primera etapa comienza en el faro del puerto de Malpica y recorre este hermoso pueblo marinero con un pasado ligado a la caza de las ballenas. Rastros de este oficio se conservaban hasta hace muy poco en algunas casas de Malpica, donde su utilizaban las vértebras como asiento y grandes huesos de ballena como vigas de los tejados. En el primer kilómetro se cruza el puerto, el paseo marítimo y la playa de Area Maior para salir en dirección a la ermita de San Adrián. Antes de llegar a la

## Islas Sisargas

El único faro del Camiño que no se visita es el que está en las islas Sisargas, un pequeño archipiélago deshabitado situado a una milla escasa del cabo de San Adrián en Malpica. Están formadas por las islas Grande, Chica, Malante y varios islotes. Antiguamente estuvieron pobladas como lo demuestra la existencia de la ermita de Santa Mariña, destruida durante las incursiones piratas del siglo X. El faro situado en la isla Grande se construyó en 1919, y tuvo farero hasta no hace mucho tiempo. El farero permanecía durante quince días seguidos en la soledad de la isla hasta que era relevado en su puesto. En las cercanías del faro los acantilados llegan a tener una altura de 100 metros. La isla está prácticamente cubierta por un bosque sorprendente: a lo largo de los años las aciculas de los pinos ha formado una alfombra tan gruesa que las copas de los pinos se encuentran a la altura de la cabeza. Las islas son el hábitat de varias especies de aves en peligro de extinción que eligen las islas para criar y también como etapa de paso en sus migraciones. Especies como el cormorán moñudo, la gaviota tridáctila y la gaviota oscura de las Sisargas encuentran refugio en los acantilados de la parte norte de la isla. El acceso a la isla es libre pero la única posibilidad de llegar a ella es que alguna embarcación de Malpica nos acerque.

FOTOS: ANTONIO GONZÁLEZ

ermita, se pasa por la playa de Seaia y la fuente de los Romeros cuya agua, dice la tradición, cura las verrugas. En el árbol que crece al lado flamean los pañuelos con los que los creyentes se aplican el agua milagrosa.

Según la leyenda, San Adrián llegó a estas tierras en el siglo V para cristianizarlas y eliminar los cultos paganos, simbolizados en la *serpe* (serpiente). La capilla fue construida en el siglo XVI y reformada en el XX. En sus inmediaciones se celebra, a mediados de junio, una concurrida romería. San Adrián nos ofrece una amplia panorámica de todo Malpica y las Islas Sisargas, cuya silueta nos va a acompañar hasta Beo, mientras cruzamos los primeros acantilados del Camiño dos Faros.

Arriba, la playa de Barizo, de arena blanca fina y resguardada en parte gracias a las puntas rocosas que la rodean. A la izquierda, las Islas Sisargas cuya silueta nos va a acompañar hasta Beo.

Desde Beo continuamos hacia la playa de Seiruga. Para entrar en ella tendremos que descalzarnos y remangarnos los pantalones hasta la rodilla para cruzar el pequeño río que desemboca por un extremo de la playa. Y así llegamos a Barizo. Cruzamos la playa y empezamos a subir por un pequeño regato en medio del bosque de eucaliptos hacia la punta Nariga. Al llegar arriba del arroyo, tomaremos la pista de tierra a la derecha y un camino que nos acercará a lo alto del monte, donde baten sus aspas los molinos de un parque eólico. Atravesaremos los

Una pareja de *trasnos* (así se llaman coloquialmente a los caminantes que hacen el Camiño dos Faros) dejan atrás la aldea de Beo. En la página derecha, otros caminantes se acercan a la punta Roncudo y su faro.

El faro de punta Nariga —el primero que visitamos en nuestro camino—tiene una altura de 50 metros y un alcance de 22 millas. A torre «descansa» sobre una construcción de César Portela que simula la proa de un barco introduciéndose en el mar cuyo mascarón es la escultura Atlante realizada por Manolo Coia. Desde esta posición contemplamos buena parte de lo que nos queda por recorrer.

Desde punta Nariga hasta el final de la etapa, en la playa de Niñóns, recorreremos la Costa da Nariga y superaremos el tramo algo complicado de las Penas do Rubio de las que se baja por un camino irregular y de bastante pendiente para alcanzar un sendero llano que nos acerca a la ensenada del Lago. Por eso es importante llegar con luz. En la playa no hay ningún hotel o similar, y eso impone haber previsto el servicio de un taxi que nos traslade a algún pueblo con alojamiento. El más cercano es Niñóns. 🚩

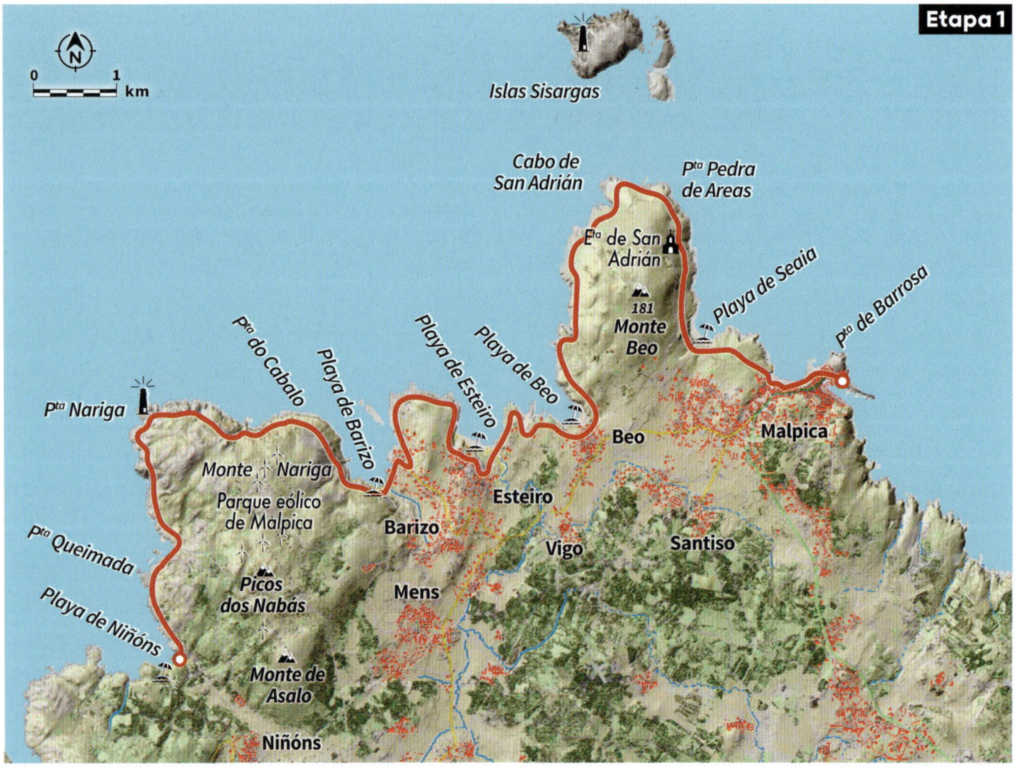

molinos para bajar por una senda hasta la carretera de Nariga y, luego hasta al faro de punta Nariga, levantado en un entorno lleno de magia, con multitud de peñascos de formas caprichosa productos del viento y el agua.

Etapa 1

0 1 km

Islas Sisargas

Cabo de San Adrián

P<sup>ta</sup> Pedra de Areas

E<sup>ta</sup> de San Adrián

Playa de Seaia

181 Monte Beo

P<sup>to</sup> de Barrosa

P<sup>to</sup> do Cabalo

Playa de Barizo

Playa de Esteiro

Playa de Beo

Beo

Malpica

P<sup>ta</sup> Nariga

Monte Nariga

Parque eólico de Malpica

Esteiro

Barizo

Vigo

Santiso

P<sup>ta</sup> Queimada

Picos dos Nabás

Mens

Playa de Niñóns

Monte de Asalo

Niñóns

### Etapa 2

# NIÑÓNS → PONTECESO

**LONGITUD:** 26,2 km. **DESNIVEL:** 870 m positivos y negativos. **TRACK:** https://desni.in/caminofaros2

La segunda etapa atraviesa una variedad infinita de paisaje. Las primeras ensenadas y calas solitarias nos llevan a los acantilados del cabo Roncudo y, de ahí, al interior de la ría de Corme-Laxe, donde todo vuelve a cambiar. El Monte da Facha y toda la desembocadura del río Anllóns con las dunas de A Barra completan un recorrido que puede llegar a agotar la capacidad de la memoria del móvil o de la cámara.

L A etapa comienza donde la dejamos el día anterior, en la playa de Niñóns. Para que nos hagamos una idea de cómo es la costa que recorremos baste decir que por tierra llegaríamos a Ponteceso en poco más de dos horas, pues sólo nos separan unos ocho kilómetros, pero por la costa son más de

26. Tenemos ante nosotros un camino precioso por la costa acantilada hasta el puerto de Santa Mariña.

La punta de Santa Mariña es como una pequeña isla que cierra toda la ensenada do Niñóns. Allí se asientan las casetas del puerto, pequeñas construcciones que guardan los aparejos

Debajo, hórreo y carro en la aldea de Roncudo, y huellas de trasnos —una de las señales del Camino— impresas en una roca. A la derecha, un grupo de *trasnos* llega a la playa de la Ermida.

JAVIER GÓMEZ

FOTOS: ANTONIO GONZÁLEZ

y otros útiles para la pesca artesanal. En estas casetas comienza el tramo que nos llevará hasta la playa de A Barda. En los primeros metros costeamos por detrás del puerto hasta llegar a una cruz de piedra que nos sirve de referencia para saber que, unos metros más adelante, tenemos que ir hacia el interior porque es imposible continuar por la costa. Al meternos entre los montes de Monte Mean y la Arbosa, y con un poco de suerte, podemos ver la única manada de caballos salvajes que hay en esta parte de Galicia. Aún tendremos que subir al monte da Arbosa antes de avistar la playa de A Barda, un entorno completamente virgen. Es una playa aislada y rodeada de monte y bosque.

Nos espera un tramo de cuatro kilómetros rompepiernas pero espectacular de la costa da Tremosa — llamada así por la ola gigante que

se forma en los bajos del mismo nombre—para llegar a la pequeña aldea de Roncudo por un antiguo camino de percebeiros que recuperaron los trasnos. También se puede llegar más fácilmente a la aldea por la pista de tierra del parque eólico. O Roncudo es una aldea de casas y hórreos construidos de piedra para hacerla resistente al viento y a los temporales. Es una aldea preciosa, de lo más genuino y auténtico que se puede encontrar en el Camiño dos Faros y en toda Galicia.

Atravesamos la aldea del Roncudo y cruzamos el parque eólico para descender hasta A Laxe das Pesqueiras por una senda con tramos de bastante pendiente. Hay un momento en que podemos ver los tres faros de estas primeras etapas, caso único en todo el camino. A nuestra derecha vemos los de punta Nariga y las Islas

FOTOS: ANTONIO GONZÁLEZ

Sisargas y, a la izquierda, el faro de la punta Roncudo, que alcanzaremos en poco tiempo. El faro es sencillo y relativamente pequeño. Fue construido en 1920 y tiene una altura de 11 metros. El mar bate violentamente contra unas rocas —el ruido ronco que hace cuando rompe contra el acantilado es el origen del nombre— donde se cría el que dicen es el percebe más sabroso de Galicia. Dos cruces al lado del faro dan testimonio de los peligros que afrontan los percebeiros. Es estas mismas rocas terminaron sus días muchos barcos. Uno de ellos, cargado de maíz, dio de comer a toda la población durante meses y nombre al Petón do Millo.

Nos dirigimos por carretera al interior de la ría, hacia el puerto pesquero de Corme. Este pequeño puerto fue antaño el primer puerto de España en exportación de madera. En los prósperos primeros años del siglo XX hubo aquí fábricas de conservas y una importante flota pesquera.

Partimos de Corme camino de la playa de Valarés, pasando por las playas del Osmo, de la Hermida y de Río Covo. Saldremos de esta última por un sendero a media ladera, estrecho e irregular, que nos lleva hasta la punta do Canteiro donde comienza la corta pero exigente subida hasta A Parede. En A Parede la parada es obligada para llenarse los ojos de paisaje. A la derecha, Corme, enfrente Laxe y la costa de Camariñas hasta Monte Branco. A la izquierda, Cabana y la desembocadura del río Anllóns... todo el camino que nos espera.

Iniciamos el sendero que nos lleva a la playa de Valarés, a la que entramos pasando por una rara «escultura» que parece una araña de hierro. La playa de Valarés, situada a los pies de Monte Branco es una de las más visitadas da Costa da Morte. Nada hace sospechar que allí estuviera la fábrica Titania S.A., instalada en 1936 para explotar el titanio contenido en las tierras de la

El faro de Roncudo es sencillo y relativamente pequeño. Fue construido en 1920 y tiene una altura de 11 metros. El mar bate violentamente contra las rocas haciendo un ruido ronco que es el origen del nombre de la punta. En la otra página, una cruz después de la punta Santa Mariña es la referencia para ir hacia el interior.

FOTOS: ANTONIO GONZÁLEZ

## El poeta de Bergantiños

Eduardo Pondal (1835-1917) es una de las máximas figuras del Resurgimiento gallego, junto con Rosalía de Castro y Manuel Curros Enríquez, y poeta oficial del Movimiento Regionalista de finales del siglo XIX y comienzos del XX. Buena parte de su obra está consagrada a idealización del pasado cético de Galicia, a la búsqueda de mitos autóctonos y a la recuperación de la lengua y cultura gallegas, si bien también hay una poesía pondaliana de hondo lirismo basada en la vivencia del paisaje rústico de la Galicia de Bergantiños, su comarca natal. Las primeras estrofas de su poema *Queixume dos Pinos* (*Que din os rumorosos /na costa verdescente, /ao raio transparente /do prácido luar?*), son la letra del himno gallego y diversos músicos y grupos gallegos han cantado sus poemas. De la casa del poeta, que está en la desembocadura del río Anllóns, parte la ruta Pondaliana que llega hasta Monte Branco repasando la obra del poeta.

zona. Hoy se conservan restos del puerto y de las piscinas donde se separaba el rutilio (óxido de titanio) de la arena de la playa. Además del titanio se intentó tratar el azufre traído de otras minas, pero dejaron de hacerlo porque a muchos trabajadores se le caía el pelo y le salían manchas en la piel. Titania fue la excepción a la fiebre de wolframio de otras minas de la comarca. Cuando se acabó el filón en los años 60, la playa sirvió para el contrabando de tabaco.

Salimos de Valarés por la pasarela existente entre las dunas y tomamos el sendero que bordea toda la playa hasta llegar a la punta de Cal Vaqueiro. Paso a paso nos vamos acercando a la desembocadura del río Anllóns, a la que se puede acceder andando sólo unos pocos días al año. Las aguas del río Anllóns forman un meandro en la desembocadura que crea las inmensas dunas de Barra de arena finísima y continuamente moldeada por la acción del viento, dibujando un paisaje espectacular. Los siguientes 600 metros del

Parada en punta Espiñeira con la bahía da Barda a los pies. Al fondo A Arbosa y punta Nariga.

camino pasan por una zona extremadamente sensible. El final de la etapa nos lleva por el estuario do río Anllóns, importante ecosistema formado por Monte Branco, el complejo dunar y la ensenada da Insua escogido por multitud de aves, como el chorlitejo, el porrón moñudo o el ánade real para pasar largas temporadas. Después de pasar las dunas, caminamos por un sendero al lado del río (ojo que en marea alta algunas zonas del sendero se cubren de agua).

Al terminar el sendero enlazamos con la pista del malecón do Couto en dirección a Ponteceso. Este malecón separa las aguas del río de la marisma y evita que se inunde ésta, lo que pondría en peligro su propia existencia. Por el malecón se llega al puente que da nombre a Ponteceso, enfrente de la casa del poeta Eduardo Pondal. 🚶

Etapa 2

Playa de Niñóns

0   1 km

Pta Percebellosa

Pta da Dona

Pta do Mouzón

Pras de Area

O Roncudo

Monte de Asalo

Niñóns

Brantuas de Arriba

A Campara

Parque eólico de Corme

O Porto de Corme

A Aldea

Guxín

O Porto do Souto

Pta de Roncudo

Carballido

Pta de Chans

Pta de Osmo

Gondomil

Pta da Sapeira

Canto Branco

O Couto

Os Seixos

Pta do Canteiro

Balarés

Ponteceso

A Trabe

RÍA DE CORME E LAXE

Pta da Facha

Playa de Balarés

Monte Branco

Estuario de Anllóns

Ponteceso de Cabana

## Etapa 3
# PONTECESO → LAXE

**LONGITUD:** 25,7 km. **DESNIVEL:** 780 m positivos y negativos. **TRACK:** https://desni.in/caminofaros3

En la primera parte de la jornada el Camiño se separa del mar provisionalmente para entrar en contacto con las construcciones de los ancestros de los actuales gallegos. Después, sube al Monte Castelo de Lourido, «techo» del Camiño dos Faros y más tarde regresa al nivel del mar para recorrer la espectacular costa de Cabana, llena de cuevas y playas con mucho encanto. La villa marinera de Laxe es el fin de la etapa.

EL primer kilómetro de la jornada discurre por el arcén de la carretera general. A un lado vemos la desembocadura del río Anllóns y al otro las marismas de A Outra Banda. En un cruce tiramos a la derecha para entrar en la ensenada da Insua y recorrer sus pinares hasta Neaño y la playa da Urixeira. Allí comienza la Senda do Anllóns, un paseo de tres kilómetros hasta O Lodeiro. La ruta nos lleva también por alguna de las antiguas carpinterías de ribera de donde salieron muchos barcos pesqueros y de cabotaje durante el pasado siglo y que todavía siguen funcionando.

Al final del paseo, al llegar a As Grelas, nos vamos hacia el interior en una subida exigente por la ruta do Rego dos Muíños o del Roncadoiro. Son algo menos de tres kilómetros donde pasamos de escuchar el mar a escuchar el riachuelo que baja formando pequeñas cascadas. El arroyo hacia funcionar a nada menos que 24 molinos que molían el maíz y el trigo, base del sustento de los lugareños. Estos ingenios eran los verdaderos centros de la vida social de las aldeas.

El color verde de esta flecha pintada en un mojón a la salida de la playa de San Pedro es el color identificativo de las señales del Camiño dos Faros. Debajo, el Camiño planea sobre el mar embravecido en la punta Candua.

ANTONIO GONZÁLEZ

PABLO DE GARATE

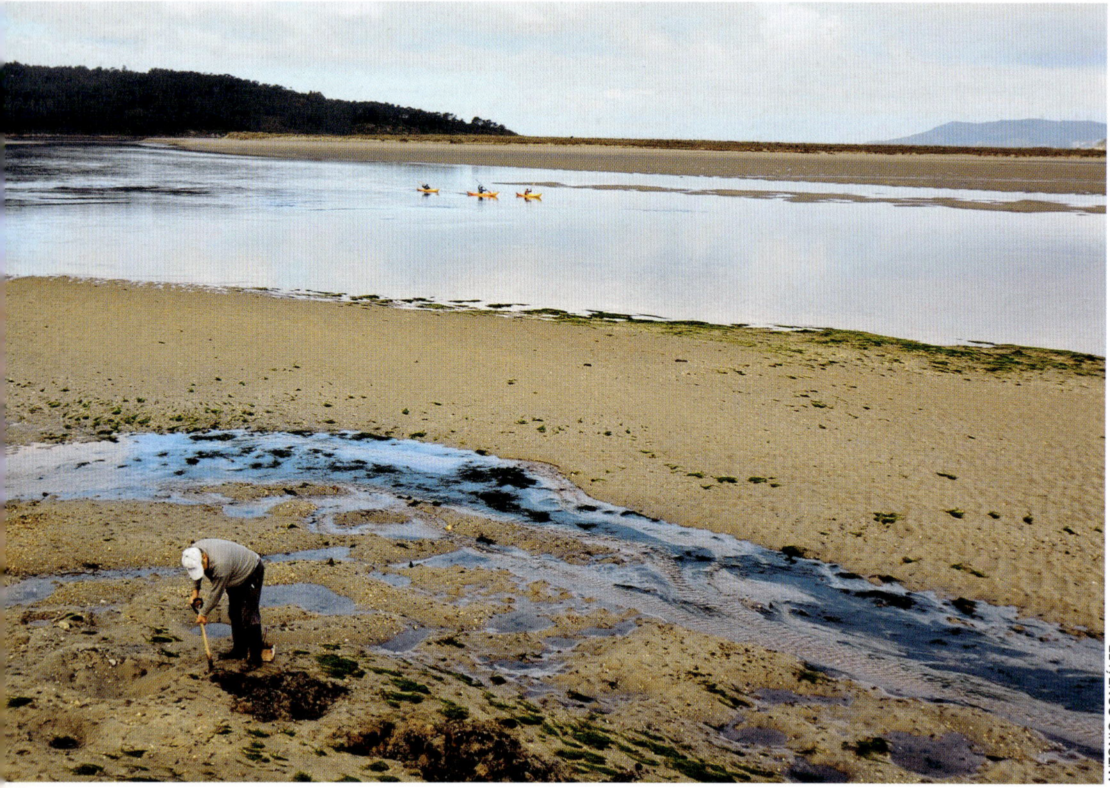

ANTONIO GONZÁLEZ

Al llegar arriba tenemos que desviarnos hacia la carretera. Al otro lado se ve el cartel que anuncia el castro A Cidá de Borneiro, una de las joyas arqueológicas de A Costa da Morte. El Camiño dos Faros entra en el castro por la única entrada original que tenía, lo atraviesa y sale por una rampa para tomar el camino nuevo a Vilaseco. Vilaseco es una aldea típica del interior de Bergantiños, con grandes hórreos de piedra donde se guarda el maíz y otros cereales. Por aquí pasaba Eduardo Pondal cuando iba, a lomos de burro, desde Ponteceso a la escuela de Nemiña: «Pasado Vilaseco, indo p'la gandra adiante, xa vía desde lonxe o dolmen de Dombate». Y hacia el dolmen encaminamos nuestros pasos por un sendero forestal. Objeto de diversas excavaciones y estudios, el dolmen está protegido con una cúpula de madera y cuenta con un centro de recepción e interpretación. Hay que tener en cuenta que la visita es de dos a cuatro de la tarde.

JAVIER GÓMEZ

Desde Dombate tomamos de nuevo rumbo a la costa; pero antes, en Fontefría, nos desviamos para subir al Castelo de Lourido. Sus 312 metros de altitud sobre el nivel del cercano mar le convierten en el «techo» del Camiño dos Faros. Es una subida corta pero con unos últimos metros

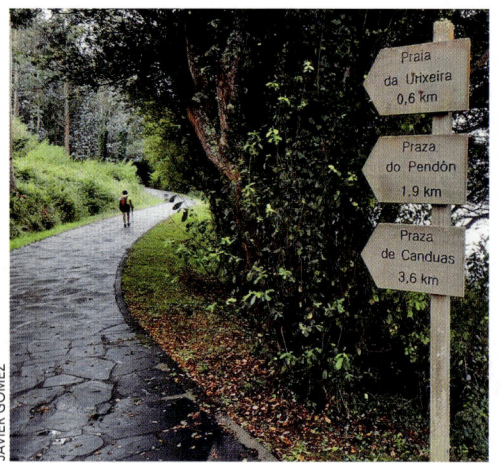

Parte de la subida al Castelo de Lourido, «techo» del Camiño dos Faros, se hace por medio de un denso bosque. En la otra página, arriba, un mariscador en el estuario del río Anllóns; debajo, comienzo de la senda del mismo río.

MIGUEL GAYOSO

exigentes. El premio son las vistas panorámicas más hermosas de esta parte de la Costa da Morte... con permiso del tiempo, naturalmente. A la derecha, podemos contemplar todo el estuario del Anllóns. Al otro lado de la ría está la villa de Laxe, meta de la jornada. Desde donde estamos parece que esté al alcance de la mano, pero aún falta un buen rato.

Comenzamos el descenso y enseguida tomamos hacia la derecha para ir hacia Canduas. Canduas —o San Martiño de Canduas— también tiene su historia, como casi todo en esta Costa da Morte. La aldea nació alrededor del monasterio de San Martiño del que se tiene constancia desde el siglo XIV y del que sólo quedan en pie algunas ruinas. Sobre él se construyó la casa rectoral y

con las piedras del hórreo fue revestida la fachada de la Iglesia de San Martiño, que tiene además la curiosidad de que mira al norte.

Continuamos la ruta atravesando la carretera AC-431 para llegar a Taboido y continuar 700 metros por el asfalto hasta encontrar un cruce a la izquierda que nos acerca a la costa. Nos dirigimos a la playa das Vacas pero no llegaremos a ella ya que nos desviaremos hacia la playa de Rebordelo por un balsámico bosque de pinos y eucaliptos. Caminamos por la costa de Mundiña pisando un fácil sendero, aunque no hay que desestimar la dificultad de ir bordeando una costa llena de puntas y *furnas* (cuevas y desplomes en los acantilados). Rodeamos la Furnela Mundiña donde hubo un faro antiguamente.

La ruta de Rego dos Muíños enlaza más de veinte molinos que molían el maíz y el trigo, base del sustento de los lugareños. En la otra página, el dolmen de Dombate y el castro A Cidá de Borneiro.

# Ancestros de los trasnos

Cabana de Bergantiños es uno de los municipios más destacados en Galicia en términos de arqueología. En su término municipal hay grandes concentraciones de mámoas, petroglifos de la Edad de Bronce, explotaciones auríferas de la época romana y torres de la Edad Media. Los dos elementos más importantes son el dolmen de Dombate y el castro A Cidá de Borneiro.

El primero es el monumento megalítico más importante de Galicia, y por su belleza y buen estado de conservación es considerado la Catedral del Megalitismo Gallego. Está datado entre el 3000 y el 2500 a.c, y en las excavaciones se ha descubierto que se levantó sobre otro más antiguo. También han aparecido hojas de sílex, flechas y hachas, co-

llares y elementos cerámicos El dolmen está formado por siete grandes losas verticales y una que las cubre formando una cámara poligonal de 10 metros cuadrados con el corredor orientado al este. En la cara interior de las losas hay grabados rupestres policromados.

El castro de Borneiro, por su parte, es un buen ejemplo de la cultura castreña de finales de la Edad del Hierro. Fue el primer castro gallego en ser científicamente fechado con el método del carbono 14. Estuvo habitado entre los siglos IV y I a. C., y nada hace pensar que fue romanizado. Fue descubierto en 1924 pero las excavaciones comenzaron muchos años después. Ha sido objeto de diversas obras para habilitar las visitas.

ANTONIO GONZÁLEZ

Los hórreos son un elemento de arquitectura popular presente en todas las aldeas del Camiño. Éste está en Vilaseco. En la página siguiente, vista somital de la hermosa y amplia playa de Soesto.

La casa anexa es hoy una residencia privada. Enfrente, vemos la isla do Castelo. Al otro lado, la punta do Cabalo y el Monte da Insua, con el faro de Laxe. Así llegamos a la playa de Rebordelo, la mayor del municipio, rodeada de bos-ques de pinos y eucaliptos. Está orientada al nordeste y tiene bastante mar, por lo que hay que tener precaución en el baño.

Salimos de Rebordelo por el bosque para abordar la costa de Cabana. Antes de llegar a la punta do Cabalo, bajaremos a la playa de San Pedro, abierta entre dos peñascos y rodeada de monte; otro de los pequeños tesoros que hay en la Costa da Morte. Desde la punta do Cabalo tendremos unas vistas panorámicas de toda la ría de Corme y Laxe. La verdad es que se mire a donde se mira topamos con una imagen digna de un póster.

Continuamos por la costa pasando el hermoso *coído* de Frexufre (un coído es una playa de guijarros), donde desemboca un riachuelo formando una pequeña cascada. El arroyo movía las muelas de dos molinos que aún están en pie. El viejo sendero que desde Laxe llegaba hasta ellos había sido «devorado» por la maleza y se recuperó para dar continuidad al Camiño. Por él llegaremos hasta Laxe. 🕯

Etapa 3

RÍA DE CORME E LAXE

Pᵗᵃ do Canteiro
Pᵗᵃ da Facha
Monte Branco
Ponteceso
A Trabe

Faro de Laxe
Pᵗᵃ do Cabalo
Pᵗᵃ de Rebordelo
Pᵗᵃ de Canduas
Estuario de Anllóns
Ponteceso de Cabana

Monte do Insua
Ensenada de Laxe
O Bronllo

Laxe
Monelos
Canduas
A Telleira
A Carballa

Ruta do Rego dos Muíños

Castelo de Lourido
O Carballal
Pedrouzo

Trasfontáns
A Fontefría
Dólmen de Dombate
Castro de Borneiro

Soesto de Abaixo
Castrelo
A Gándara
Vilaseco

A Torre

O Briño

0      1 km

## Etapa 4

# LAXE → AROU

**LONGITUD:** 17,7 km. **DESNIVEL:** 425 m positivos y negativos. **TRACK:** https://desni.in/caminofaros4

Esta es la etapa más corta y fácil de todo el Camiño dos Faros. Después de recorrer el Monte da Insua y el Faro de Laxe subimos al Peñón de Soesto para contemplar su maravillosa playa. Continuamos nuestro periplo que nos acerca a la Praia de Traba, con su laguna llena de vida natural. El final de la etapa recorre un tramo espectacular de rocas hasta Camelle, donde podremos visitar el Museo de Man, antes de llegar a Arou.

SI la jornada previa no nos dio para visitar la iglesia de Santa María da Atalaia, ahora es un buen momento. La sencilla iglesia, que data de finales del XIV, es de gran valor histórico-artístico; un ejemplo claro del gótico marinero que aparece en mu-

chas iglesias del litoral gallego. En el interior de la iglesia se conservan varios sepulcros del siglo XIII de los Moscoso que gobernaron estas tierras después de los señores de Traba. En 1955 un rayo destruyó el retablo barroco que había en el altar mayo; cuando se retiraron

los restos apareció otro retablo pero de piedra. Cosas así sólo suceden en la mágica Costa da Morte. Desde la iglesia se puede divisar una estupenda panorámica del puerto y la playa de Laxe. Muy cerca del templo fueron enterrados los muertos en el naufragio del buque inglés *Adelaide*, que naufragó en la bahía. El lugar está hoy ocupado por un garaje

Desde la iglesia nos dirigimos a la punta del Monte da Insua. Al acabar las casas un camino a la derecha nos indica el principio de esta ruta por el Monte da Insua, que nos llevará hasta el faro. Dejamos a nuestra derecha la ría de Corme y Laxe después de varios días recorriéndola... ¡qué cerca está el Roncudo y qué lejos a la vez! O Camiño dos Faros tiene de especial que en cada momento de la ruta vas viendo el camino ya realizado y lo que te queda por recorrer. En el camino comprobaremos como la planta invasora de procedencia sudafricana uña de gato (*Carpobrotus Edulis*) está desplazando la flora autóctona de los acantilados.

En la punta da Insua está el siguiente faro que es clavadito al de Roncudo: un sencillo cilindro recubierto de azulejos blancos. A sus pies naufragó en 1972 el *Playa de Arnela*, un pesquero que iba a descargar a Corme y que fue a dar con las rocas de la punta da Insua. Fue un naufragio trágico: sólo sobrevivieron dos de sus doce tripulantes. Cerca del faro se levanta la escultura de bronce *A Espera*, un homenaje a las madres, hermanas y esposas de los marineros, que esperan impacientes su regreso. Las vistas desde el faro son espectaculares. A la derecha toda la ría de Corme-Laxe. A la izquierda, toda la costa de mar abierto que tenemos que recorrer. Al fondo, se ve el Penal de Veo y la duna de Monte Branco, ecuador del Camiño dos Faros.

Continuamos por la senda al borde de los acantilados rumbo al Peñón de Soesto. Muy

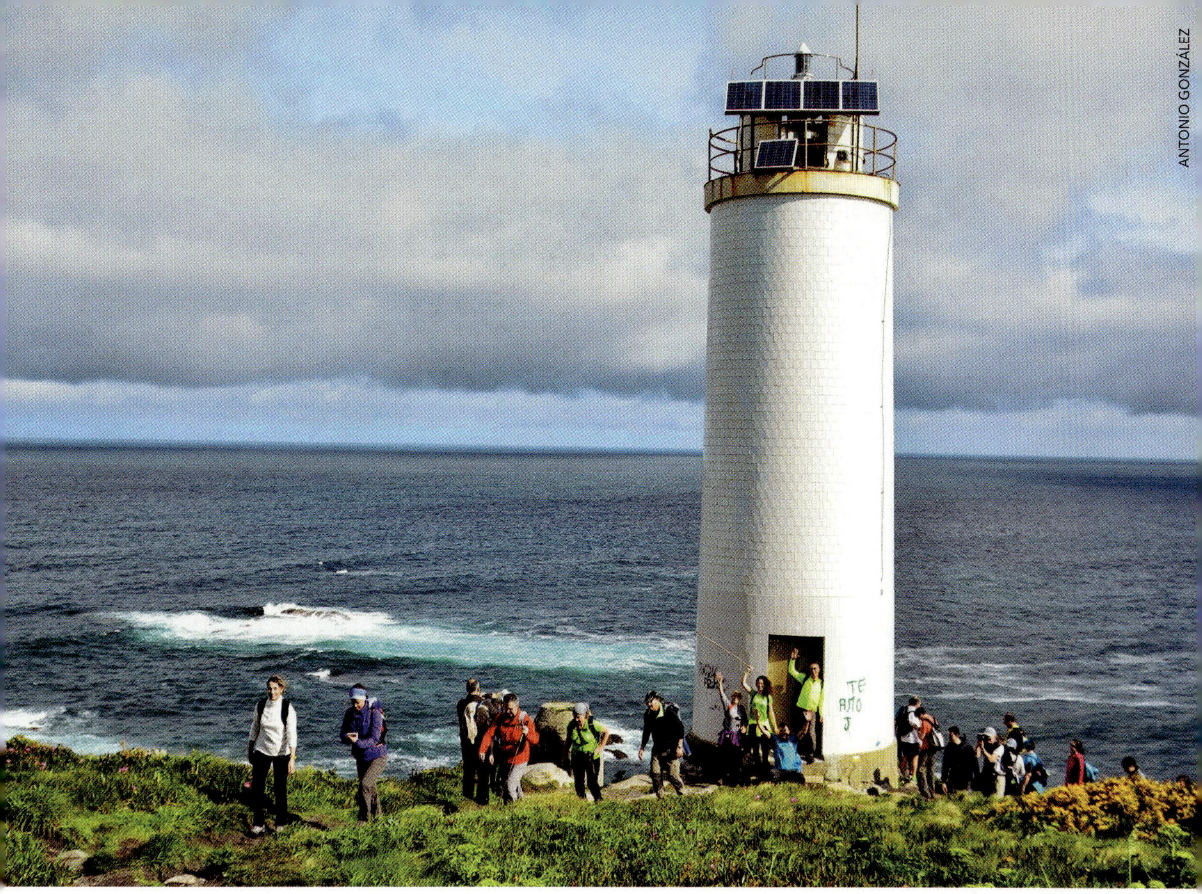


ANTONIO GONZÁLEZ

pronto daremos de bruces con la Pedra Dos Namorados, un promontorio rocoso que está lleno de inscripciones románticas labradas en la misma piedra. Junto a ella está la Furna de la Espuma, un entrante del mar en el que los días de viento y fuerte mar se acumula gran cantidad de espuma natural que cubre la ladera pareciendo que esté nevada. Algo más adelante está la playa de los Cristales, una pequeña ensenada que, en lugar de arena, tiene cristales procedentes de un antiguo vertedero que ha pulido el perpetuo oleaje. Cristales de todos los colores se juntan con pequeñas conchas en este curioso rincón dando lugar a un espectáculo impresionante y mágico.

Después de jugar con los cristales —sólo jugar; un cartel advierte de la prohibición de llevárselos— bordeamos el cementerio de Laxe por un estrecho sendero que nos acerca a la ensenada de Baleeira y iniciamos el ascenso al Peñón de Soesto o del Castro. La corta subida

Arriba, a los pies del faro de Laxe naufragó en 1972 el pesquero *Playa de Arnela*. Debajo, la Furna de la Espuma, y en la otra página, fachada de la Iglesia Santa María Atalaia en Laxe.

RAMÓN VELÁZQUEZ ABA

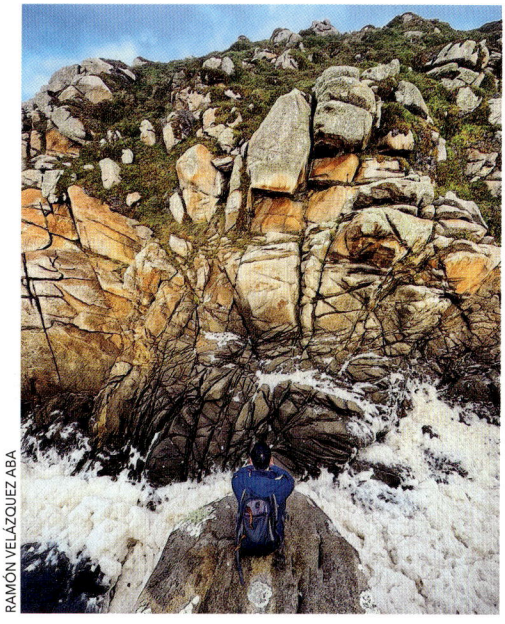

es lo más reseñable de la etapa en términos de esfuerzo. Parece ser que, antes de existir el Camiño dos Faros, nunca hubo por aquí una ruta de senderismo por aquí. Desde la cima tenemos otras dos panorámicas impresionantes. Al norte todo el Roncudo, con Corme al fondo. En primer plano todo el Monte da Insua que habíamos rodeado hasta el faro de Laxe, la Playa de los Cristales y la ensenada da Baleira. Al sur, vemos la amplia y hermosa playa de Soesto con el mar rompiendo con fuerza y, al fondo, la punta de Catasol... ¡un mirador privilegiado! Bajaremos con mucha precaución si el terreno está mojado pues hay que pisar unas piedras lisas que pueden estar muy resbaladizas.

En Soesto hacemos la primera parada para calmar el estómago aprovechando las mesas y bancos de piedra que han instalado en un lado. Ya reconfortados proseguimos el camino por una pasarela de madera en dirección a la playa y la laguna de Traba. Cuenta la leyenda que bajo las aguas de esta laguna está la ciudad de Valverde, maldita por el mismísimo Apóstol. El ecosistema de Traba —como Corrubedo, Baldaio y otros complejos dunares y lagunas costeras gallegas— está en movimiento perpetuo. La tierra y el agua se disputan el terreno por efecto del viento, la erosión y la sedimentación. La laguna tiene una importancia vital para aves invernantes extrañas en estas latitudes. En la travesía de la laguna, que se hace por unas pasarelas de madera, hay varios miradores elevados, pero la altura del carrizo impide observar con claridad a las aves. Hoy cuesta creer que esta playa fuera de las más castigadas por la marea negra del *Prestige*.

Al final del paseo por la laguna, llegamos a la pequeña aldea de Mordomo, donde hay un bar y un área recreativa con bancos y mesas donde hacer un alto si no se hizo en Soesto. Comienza aquí otro tramo espectacular del camino. Lo han llamado O Cuello da Señora y es un tramo de costa formado por rocas de todos los tamaños a las que el agua ha dado formas curiosas.

Debajo, un grupo de excursionistas a punto de entrar en la playa de Soesto, que hasta hace poco era escenario del Campeonato Gallego de surf. En la otra página jugando con la «arena» de colores de la playa de los Cristales.

JULIO G. DEMOUSSELLE

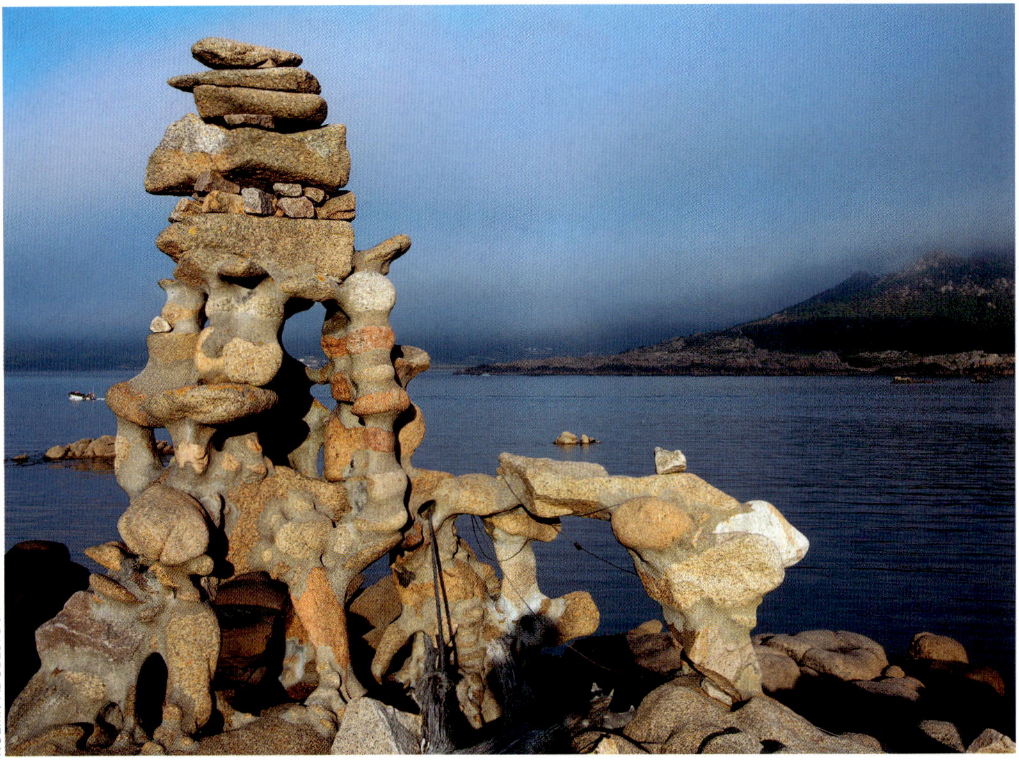

NOEMI / ADOBESTOCK

# El alemán Man

Hace muchos años llegó a Camelle un alemán llamado Manfred Gnädinger -Man para todos-. El joven se quedó a vivir en el pueblo, construyó una caseta en el extremo del muelle y empezó a dar forma a un museo de esculturas al aire libre con las piedras, huesos, artes de pesca y cualquier cosa que trajera el mar. Alto y delgado, con una cabellera y una barba que nunca se cortó, y vistiendo sólo un taparrabos Man causaba una gran impresión. En 1985, cuando las obras de remodelación del espigón puso en peligro su casa, consiguió que se modificara en parte el proyecto. Para protestar se tumbó en el hormigón fresco y aún hoy se pueden ver sus siluetas, de frente y de lado, creando sus propias siluetas que todavía se pueden ver.

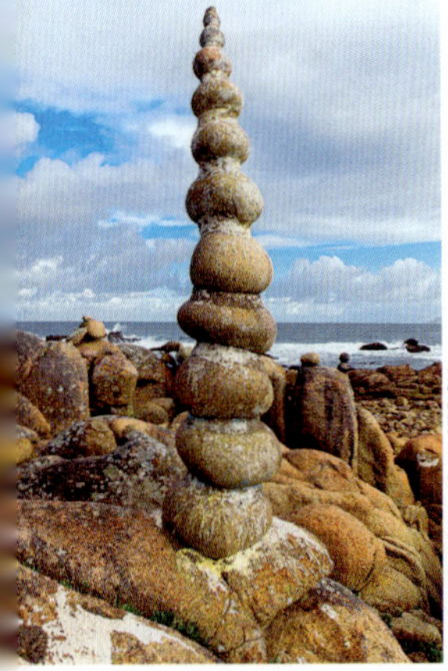

LANSBRICAE / ADOBE STOCK

JAVIER GÓMEZ

Man falleció el 28 de diciembre del 2002, sólo un mes después de que el chapapote del *Prestige* inundara su museo. Su legado está en estado crítico. Ni las administraciones ni las mismas gentes de Camelle pudieron salvaguardar este tesoro único. Los inviernos de la Costa da Morte son muy duros y fueron haciendo su trabajo. En los últimos años, se comenzó un proyecto de recuperación de parte de su obra que guardaba en la caseta que dio como resultado el museo de la Casa do Alemán. En el imaginario de las gentes de Camelle queda lo que dijo cuando la primera oleada de petróleo cubrió sus obras: «Yo decir que esto no debe limpiarse nunca..., ser episodio de la Historia. Quedar así debe, para todos recordar quién es hombre, porque hombre no querer a hombre, ni a mar, ni peces ni playa».

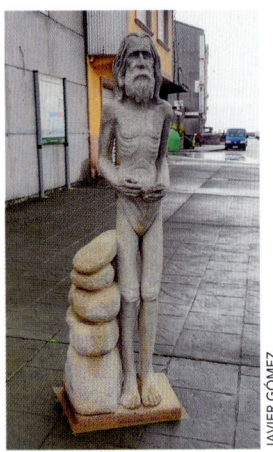

Y llegamos a Camelle, antiguo puerto ballenero. Estamos entrando en un tramo de la Costa da Morte que cuenta con el terrible honor de ser de los uno de los lugares con más naufragios del mundo. Sus gentes, la mayoría dedicadas a la pesca, han ayudado en el salvamento de muchos barcos naufragados en estas costas, una labor humanitaria que fue reconocida por la corona inglesa. De uno de esos naufragios, el del buque inglés *City of Agra* naufragado en 1897, se conserva la campana en la iglesia del Espíritu Santo.

En 1898 se instaló la Estación de Salvamentos Barbeito que, además de prestar auxilio, salvaba también las cargas y desguazaba los buques siniestrados. Debido a que Camelle era el lugar a donde se dirigían los náufragos y se les prestaba las primeras atenciones, existían compañías de seguros, agentes de aduanas y cónsules de distintos países. O Camiño dos Faros entra por la playa de Camelle, que atravesamos para llegar al paseo marítimo y al muelle donde están los restos del museo al aire libre del artista alemán Man, un curioso tipo que dejó una impronta imborrable aquí.

Si vamos bien de tiempo es muy interesante visitar el local de Mar de Fábula, una asociación sin ánimo de lucro que tiene por objetivo limpiar el mar. Para este fin, la asociación promueve, durante todo el año, la recogida y retirada de todos los residuos sólidos depositados en la orilla para evitar que vuelvan al mar y con muchos de ellos dan forma a maquetas de barcos, juguetes, adornos, etcétera, como una manera creativa y educacional de empleo del tiempo libre.

El final «oficial» de la etapa está en Arou, a unos tres kilómetros. Pero como allí no hay servicios para el viajero, salvo un par de bares, quizá sea mejor quedarse en Camelle donde hay varios alojamientos.

### Etapa 5
# AROU → CAMARIÑAS

**LONGITUD:** 22,7 km. **DESNIVEL:** 575 m positivos y negativos. **TRACK:** https://desni.in/caminofaros5

La jornada transcurrirá por una costa tremendamente abrupta donde sucedieron los múltiples naufragios que dieron origen al siniestro nombre que lleva. Durante la jornada comprenderemos el motivo de tanto naufragio al ver los cientos de restingas asesinas que se adentran en un mar que no da tregua.

No falta color en las casas y los barcos del puerto de Camariñas, final de la quinta etapa del Camiño dos Faros y capital del encaje de bolillos.

SALIMOS tempranito de Arou y nos dirigimos por la ensenada de Xan Ferreiro al mirador de Lobeiras y a la playa de Lobeiras. Aquí, en los bajos de Xan Ferreiro, debido a una espesa niebla y a una avería en el timón, embarrancó el 10 de octubre de 1927 el vapor francés *Nil* que llevaba una carga muy valiosa: coches, maquinaria, telas, sedas de Damasco, productos farmacéuticos, animales, champán francés... Desde allí, por un sendero entre toxos recorremos los coídos de cantos rodados hasta llegar a Santa Mariña. Es un tramo de dos kilómetros, algo complicado por las rocas (cada una con su nombre: O Pelouro, Os Boliños, Os Portiños, Pedra do Sal) y el toxo, pero que merece la pena disfrutar sin prisa. En este laberinto de rocas las gentes de Arou y Santa Mariña se escondían durante la Guerra Civil.

Santa Mariña es un pequeño puerto encajado entre las montañas que lo protegen del viento del

# Cementerio de los Ingleses

A la izquierda de la Praia do Trece, en cabo Tosto, en la restinga conocida como punta Boi tuvieron lugar tres naufragios a finales del siglo XIX que marcaron para siempre la historia y el nombre de este litoral: el *Iris Hull*, el *Serpent* y el *Trinacria*. El *Iris Hull* era un barco de vapor inglés que había salido de Cardiff con destino a la India. A las cuatro de la madrugada del 5 de noviembre de 1883, en medio de un fuerte temporal, chocó con los Baixos de Antón, en punta Boi, y quedó destrozado. Los lugareños intentaron durante todo día rescatar a nueve tripulantes que se habían salvado subiéndose a los mástiles, pero todos los esfuerzos fueron vanos. Sólo hubo un superviviente. Los cuerpos que devolvió el mar fueron enterrados en las proximidades de punta Boi, una punta asesina donde siete años después iba a producirse el naufragio que más re-

percusión tuvo en la época, el del torpedero *Serpent*, de la armada británica. Sólo tres de sus 175 tripulantes sobrevivieron. En los días posteriores, el mar fue devolviendo los cadáveres de 142 tripulantes que fueron sepultados por vecinos de Xaviña y Camariñas en el mismo lugar en el que fueron enterrados los del *Irish Hull* y se empezó a conocer como el Cementerio de los Ingleses. Durante muchos años, cada vez que un barco de la armada inglesa surcaba estas costas, disparaba salvas de reglamento lanzando al mar una corona de flores.

A partir de la tragedia del *Serpent*, se iniciaron una serie de reformas para mejorar la navegación en este litoral, como la construcción del nuevo faro Vilán, que se aceleró con el naufragio en febrero de 1893 del barco inglés *Trinacria* en los bajos de Lucín en el que sólo se salvaron siete tripulantes. Poco a poco, el mar fue escupiendo cadáveres que fueron enterrados en la cercanías. Pasados unos días, apareció entre las rocas un amasijo de maderas, cuerdas, ropas y cadáveres imposibles de identificar de modo que se roció todo con gasolina y se quemó. Desde aquel día, este lugar muy cerca de punta Boi se conoce como A furna dos difuntos queimados. Este accidente fue la gota que colmó el vaso. Los marinos ingleses ya llamaban a este tramo del litoral la Costa da Morte y las autoridades inglesas presionaron a las españolas. Faro Vilán se inauguró en 1896, siendo el primer faro eléctrico que orientó a los marineros en la Costa da Morte.

Señales del sendero PR-G 158 en las playas de Reira. Al fondo, aun muy lejos, se divisa el cabo y el faro Vilán.

sur. Desde el muelle podemos ver, en el monte, la aldea de Santa Mariña, donde hubo un monasterio benedictino que sufrió varios saqueos por parte de piratas y normandos. En la actualidad sólo una pequeña capilla recuerda el cenobio.

Salimos del puerto por las casetas y tomamos el desvío a la derecha en dirección a la duna de Monte Branco. Es importante no salirse del sendero ya que atravesaremos un pequeño arenal de caramiñas (*corema album*), arbusto rastrero que se encuentra en peligro de extinción. Es una planta que se adapta perfectamente a estas condiciones extremas dando, a finales del verano, un fruto blanco que parece una perla.

Al llegar arriba del Monte Branco aparece una de las panorámicas más espectaculares del Camiño dos Faros, con la duna, la playa de Trece, toda la punta Boi y el Cementerio de los Ingleses. Estamos en el ecuador de Camiño dos Faros, unos cien kilómetros ya recorridos y otros tantos por recorrer. La duna de Monte Branco, con sus 150 metros de altura, es una de las dunas ram-

pantes más altas de Europa. El Camiño dos Faros la rodea por la punta de Veo, a una altura de poco más de 30 metros, por el camino das Crabas que usaron desde siempre los pescadores de Santa Mariña para ir a Trece.

Al bajar, atravesamos las pequeñas y solitarias calas de Trece hasta punta Boi donde rompe el mar. Allí topamos con el Cementerio de los Ingleses, donde descansan las víctimas del naufragio del buque inglés *Serpent* en 1890, uno de las más trágicos naufragios habido en la costa: de sus 175 tripulantes sólo sobrevivieron tres. La visita al cementerio es obligatoria y es inevitable pensar en lo hermosa que es la Costa da Morte para algunos y lo trágica que ha sido para otros.

Desde el muro del cementerio vemos al norte las puntas que hemos recorrido: Roncudo, Laxe…. Una vez bordeemos punta Boi dejaremos de verlas y contemplaremos por primera

El actual faro Vilán sustituyó a otro que funcionaba
desde mediados del siglo XIX y del que todavía
se conserva la base. En la otra página, señal del Camiño
en la playa do Trece, y la famosa A Pedra do Oso.

vez el mítico cabo Vilán, punto clave en este Camiño dos Faros y que aún tardaremos unas dos
horas en alcanzarlo.

Una cómoda pista nos lleva de punta Boi a
Vilán por las playas de Reira. En este lugar el
último accidente de un gran barco en esta
costa. Fue en enero de 2014, la gabarra *Prima*,
que venía sin carga y remolcada haciendo la
travesía entre Ucrania y Letonia, quedó la de-
riva y encalló en las piedras enfrente de Reira.
Durante todo el invierno el mar la estuvo gol-
peando y desarmándola hasta que una empresa
especializada la desguazó. Sólo quedó el ancla
que quedó al lado del camino.

Atravesamos la playa de Reira para llegar a
punta Forcados, donde se encuentra A Pedra do

Oso, que tiene una historia casi cómica. La roca
desapareció en 2002 y apareció en una obra en
A Coruña. La habían llevado unos operarios a los
que les habían pedido buscar grandes piedras en
la zona de Camariñas. Muy cerca, aunque fuera
del camino, se encuentra también el conjunto etnográfico de Foxo dos Lobos, antiguo ingenio
que las gentes del lugar utilizaban para atrapar
a los lobos, muy presentes en estas sierras.

Y llegamos al cabo Vilán, un promontorio rocoso de 100 metros de altura que se introduce
en el mar y tiene enfrente el peñasco de Vilán
de Fora, separado de la tierra por el paso O Bu-
fardo, donde el mar lo llena todo de espuma
blanca. En el cabo se alza el faro más impresionante de todos los que se visita en la ruta. Se
inauguró en 1896 para sustituir a otro faro que
venía funcionando desde 1854 aupado en una
torre octogonal de la que hoy se puede ver su
base. Este faro no era capaz de salvar la roca del

cabo y dejaba zonas a ciegas, por lo que se tomó la decisión de sustituirlo. Los desastres del Serpent en 1890 y del *Tinacria* en 1893 aceleraron la puesta en marcha del que sería el primer faro eléctrico de España, lo que supuso una notable mejoría para la navegación. Con una torre octogonal de 25 metros de altura su luminosidad alcanzaba las 10 millas, siendo uno de los más potentes de la época. Fue declarado de Interés Nacional en 1933. En 1962 se reformó la óptica alcanzando 28 millas y añadiéndole una sirena antiniebla. El edificio que servía de vivienda para los fareros y sus familias, que está unido a la torre por un túnel, contiene actualmente un museo dedicado al faro, un centro de interpretación de los naufragios, una sala de exposiciones y una cafetería que viene al pelo.

Desde Vilán nos acercamos a Camariñas por otra senda que bordea una gran piscifactoría. En la piscifactoría comienza una senda costera de siete kilómetros que utilizaremos para llegar a Camariñas disfrutando de unas vistas privilegiadas de la ría. A la altura del campo de fútbol, un camino marcado como PR-G 158 parte hacia el Monte Farelo donde se levanta la ermita da Virxe do Monte. Los días de temporal las mujeres de los pescadores subían a su tejado para

FOTOS: ANTONIO GONZÁLEZ

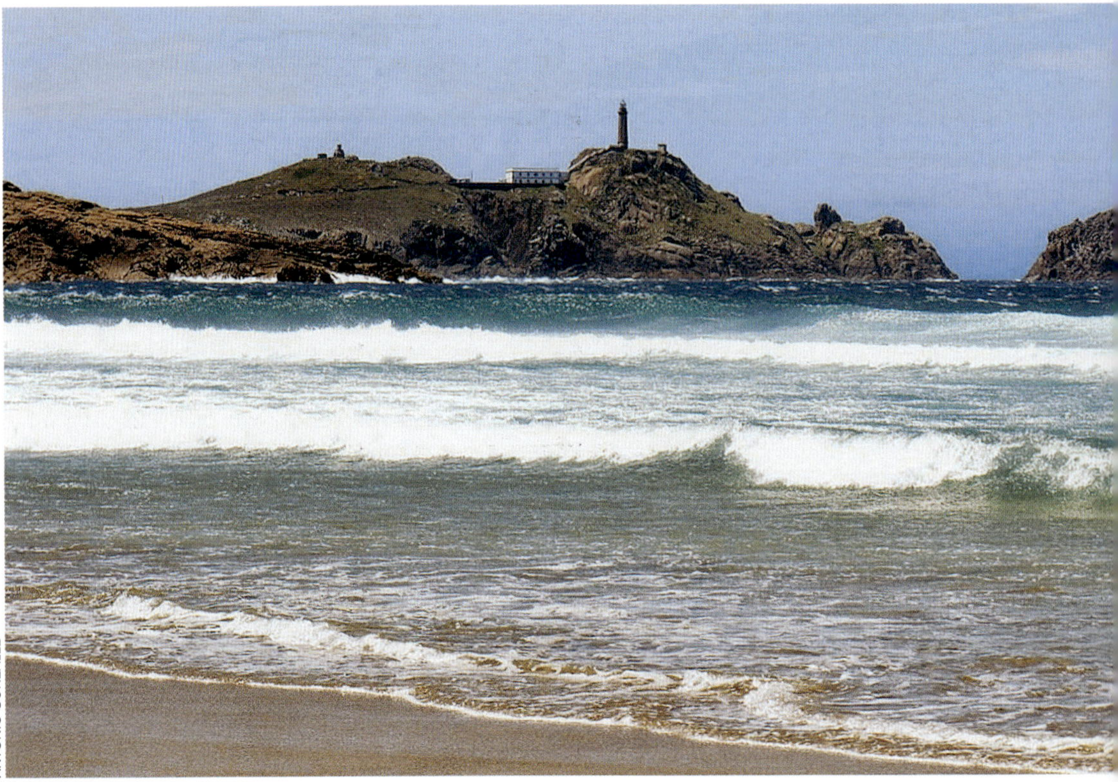

ANTONIO GONZÁLEZ

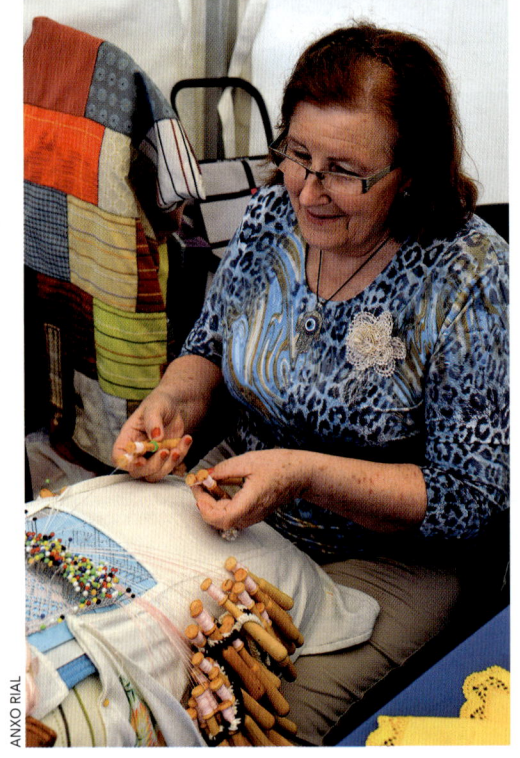

cambiar la posición de las tejas, con la fe que así cambiarían de dirección el viento y sus maridos podrían regresar pronto a tierra. Desde este solitario paraje de Monte Farelo podemos ver las próximas etapas del Camiño dos Faros. Hacia la izquierda contemplamos toda la ría de Camariñas, que recorreremos en la siguiente etapa finalizando en Muxía, en la punta da Barca, que desde aquí vemos perfectamente. Detrás, los montes Cachelmo y punta Buitra, que recorreremos en la séptima.

Antes de llegar a Camariñas tendremos la ocasión de visitar otro lugar de gran interés: el Castelo do Soberano construido durante el reinado de Carlos III para defender la costa del ataque de corsarios. En realidad poco queda del fuerte. En los años 40 del siglo pasado, muchas de sus piedras se usaron para construir el nuevo puerto e, incluso, algunos de los cañones fueron colocados como norais para el amarre

ANXO RIAL

Las olas y el viento de la playa Area Longa atraen a muchos surfistas. La vista del cabo Vilán impresiona. Debajo, *palilleira* de Camariñas en plena faena.

de los barcos. En la actualidad, sólo se conservan los cimientos y parte del muro exterior y es propiedad privada.

O Camiño dos Faros bordea todo este recinto amurallado y comienza la bajada hacia el puerto de Camariñas, en una de cuyas casas se puede ver el barómetro que el Almirantazgo inglés regaló al pueblo de Camariñas por las atenciones prestadas tras el naufragio del *Serpent*. Camariñas era el puerto de mayor importancia a mediados de ese siglo en la Costa da Morte, contando con el mayor número de barcos para comerciar la sardina con diferentes puertos del litoral atlántico y cantábrico. Del puerto salían cargados de sardinas en conserva con rumbo al País Vasco y el retorno lo hacían cargados de hierro que vendían en la comarca.

Etapa 5

*(Mapa)*

Cabo Veo · Pto do Capelo · Pto Percebeira · Pto do Boi · Ensenada do Trece · Cementerio de los Ingleses · Penal do Veo · Pto de Santa Mariña · Camelle · Playa de Trece · Santa Mariña · Arou · Pto de Reira · Petón da Santiña · Brañas Verdes · Alto de Rascalobos · Pto Forcados · Pto da Balea · Parque eólico Peña Forcada · Peña Carbón · Cabo Vilán · Monte Corveiro · Pena Maior · Trasteiro · Recesindes · Piscifactoria · Parque eólico Cabo Vilán · Va de Porco · Braño · Xaviña · Tasarraño · O Allo · Dor · Carantoña · Eta de la Virxe do Monte · Alto do Cotro · A Ponte do Porto · Camariñas · Playa do Lago · Pta Sandría · Porto de Cereixo · Tufions · Montecelos · Pta do Castelo

Parada para hacer fotos en uno de los molinos restaurados de la Ruta de los Muíños de Río Negro.

Etapa 6

# CAMARIÑAS → MUXÍA

**LONGITUD:** 32 km. **DESNIVEL:** 770 m positivos y negativos. **TRACK:** https://desni.in/caminofaros6

La sexta etapa es la más larga del recorrido pero también la más llana y la que más asfalto tiene. Después del espectáculo del mar abierto de las dos últimas etapas entre Laxe y Camariñas, hoy toca resguardarse en el interior de la ría. Y todo cambia.

EL principio de la etapa nos lleva por la ensenada da Basa y la desembocadura del río Grande. En estas tranquilas aguas de gran riqueza marisquera podemos ver trabajar a los mariscadores en marea baja, en medio de las bandadas de garcetas y otras aves. En verano también podremos ver algas a secar, actividad que tiene mucha tradición en esta zona. Es el argazo (gholfe), una especie de la que se extrae el carragenato, una sustancia utilizada en alimentación y en la industria cosmética. Es fácil que veamos alfombras de algas secándose en viejas carreteras sin tráfico ya que el asfalto acelera el secado.

Al llegar a la playa de Ariño ya no se puede remontar más el río Grande por la orilla y tenemos que salir a la carretera para cruzar las aldeas de Tasaraño, Dor y Allo, que nos muestran una Galicia auténtica. Así llegamos a Ponte do Porto, cuyo topónimo proviene del puente del siglo XIII que cruza el río Grande. En otros tiempos

ANTONIO GONZÁLEZ

FOTOS: ANXO RIAL

# ¡Nunca mais!

El 13 de noviembre de 2002 a las tres y cuarto de la tarde, el petrolero con bandera de Bahamas *Prestige* lanzó una llamada de socorro a 28 millas de Finisterre por una vía de agua. Comenzaba aquí el que se convertiría en el mayo desastre ecológico que ha sufrio nuestro país. Más de 60 000 toneladas de crudo cubrieron las costas de Galicia, gran parte del Cantábrico e incluso zonas de Francia. El mazazo ambiental, social y económico que supuso la marea negra, unido a la pésima gestión política, generó un fuerte movimiento ciudadano que se manifestó por toda España al grito de ¡Nunca mais! Frente a la falta de diligencia y el manoseo informativo de las autoridades autonómicas y centrales, miles de personas del sector pesquero luchaban para evitar que la marea negra entrara, y decenas de miles de personas procedentes de todo el país y de todo el mundo llegaron a Galicia por sus propios medios y se autoorganizaron con ayuda de la población local para retirar con pocos medios el chapapote de playas y rocas. Hoy, un gran monolito de granito de 400 toneladas y 11 metros de altura cuya estructura se encuentra partida por la mitad, formando una grieta que simboliza una herida sangrante, recuerda a aquellos voluntarios que trataron de mitigar una catástrofe ecológica sin precedentes.

ORP ARMADA / EFE

Al salir de la playa do Lago rumbo a la aldea de Merexo, el Camiño entra en un denso pinar con un sotobosque de grandes helechos que llegan a ocultar la senda.

este pequeño puerto tuvo un importante tráfico maderero, siendo el centro comercial de toda la comarca. A finales del siglo XIX y principios del XX, la feria de Ponte do Porto fue el epicentro de la venta y distribución del encaje de Camariñas, que se enviaba a Estados Unidos, Cuba y los principales países de Sudamérica.

Atravesamos el puente para dirigirnos por el paseo fluvial en dirección a Cereixo. Allí, en poco espacio, podremos disfrutar de un estupendo paseo en el que veremos un molino de mareas construido en el año 1679, que aprovechaba tanto la fuerza del río Riotorto como la de las mareas de la ría y que ahora es una vivienda particular. También sale al paso del caminante la iglesia de Santiago, con la representación más antigua del traslado del cuerpo de Santiago Apóstol a Galicia en una barca en el tímpano de la entrada, un impresionante carballo y las Torres de Cereixo construidas por los señores de Calo y Carantoña en el siglo XVII,

posiblemente sobre una fortaleza anterior que protegía la desembocadura de las constantes incursiones vikingas. Son propiedad privada y no se pueden visitar.

Después de andar algo más de un kilómetro por pinares y de caminar un tramo por carretera, llegamos a la playa de Leis que ofrece unas vistas panorámicas de la ría. A medio camino de la playa comienza el sendero que por medio de un pinar lleva hasta el faro de la playa do Lago, una de las más bonitas de la Costa da Morte, con un frondoso pinar que la hace muy apetecible en verano, sobre todo para las familias con niños.

Salimos de la playa atravesando el puente por la carretera, y cogemos una pequeña senda a la derecha que nos acercará a la aldea de Merexo, que atraviesa el Camiño de parte a parte. Esta pequeña aldea, como tantos otros lugares de la Costa da Morte, encierra su pequeña pero importante historia. En 2008, para enfrentarse al Plan Acuícola de la Xunta, sus vecinos

M.STUDIO / ADOBE STOCK

El faro de Muxía no es gran cosa pero la belleza del lugar donde está situado suple su modesta planta. Debajo, las Torres de Cereixo.

descubrieron los restos de una estructura, que parecía corresponder a una fortificación construida para defenderse de los ingleses y los piratas. A raíz de aquello, un experto en Historia Antigua de la UNED llegó a sostener que el emperador romano Claudio había dado carta de ciudadanía a la Merexo.

Nos dirigimos a Os Muíños caminando por una carretera que compartiremos con peregrinos del Camino de Santiago. Os Muíños es otra aldea típica y muy cuidada de esta Costa da Morte. Callejeando entre hórreos y antiguas casas de piedra, buscamos la Ruta dos Muíños do Río Negro, un paseo fluvial de kilómetro y medio con más de una quincena de molinos restaurados y visitables; molinos de tres y cuatro ruedas, únicos en su momento en la comarca. El paseo está habilitado con pasarelas de madera que suelen estar muy resbaladizas. El paseo termina en la playa de Area Maior a la que se baja por unos escalones no muy acertados. En ese

ANTONIO GONZÁLEZ

punto existe la posibilidad de dirigirse al monasterio de Moraime y, desde allí, por la variante del Camino de Santiago que se dirige a Fisterra, conectar con la aldea de Chorente, la última población antes de Muxía.

La otra opción es continuar por un camino al final de la playa que nos lleva por una subida pronunciada directo a Chorente. Desde Chorente la etapa nos lleva por el bosque de Chorente y la punta del mismo nombre desde la que ya divisamos Muxía, *La Novia del viento*, a la que llegaremos después de atravesar las playas de Espiñeirido y A Cruz. Enfilada al norte y con la Barca como punta de esa flecha, durante los temporales la rociada va ascendiendo por la ladera del Monte Corpiño, empapándolo todo.

Atravesaremos Muxía en dirección a la iglesia de Santa María para alcanzar la cima del Monte Corpiño por la misma escalera que conduce a la torre de la iglesia que está exenta a la nave y levantada sobre la misma roca. Desde allí, bajamos hacia la punta da Barca. La punta, el faro, el santuario de la Virxe da Barca y unas piedras legendarias componen un escenario mágico.

El Santuario de Nosa Señora da Barca es un lugar con gran tradición jacobea pues, desde el principio de la historia de peregrinación, después de visitar la tumbas del apóstol, los peregrinos se dirigían a *Finis Terrae* para ver a la Virgen y contemplar las curiosas piedras llenas de leyenda y beneficiarse de las propiedades curativas que se atribuían a algunas de ellas, como la Pedra dos

de la mítica embarcación. Pero el tiempo no perdona ni a las piedras santas, y la Pedra de Abalar, que recibió ese nombre porque se balanceaba cuando una persona sin pecado se subía a ella ya no se mueve con o sin pecadores encima pues las tempestades provocaron en los últimos años varias roturas y un desplazamiento que impide el balanceo. Pero la tradición es muy fuerte y ello no impide que sea visitada por miles de romeros.

Como en tantos otros lugares de culto cristiano, la primera iglesia dedicada a la virgen se levantó en el siglo X en el lugar donde ya se celebraban ritos paganos. El primer documento escrito que se conserva del templo es del año 1544. La capilla fue reconstruida varias veces, hasta que a principios del siglo XVIII se construyó la actual. En su interior destacaba el retablo mayor barroco que ardió junto con toda la iglesia cuando en la madrugada del día de Navidad del 2013 un rayo im-

Cadrís, bajo la cual se halló la imagen de la virgen y que puede curar las dolencias reumáticas y de riñones de aquellos que pasen nueve veces bajo ella. Según la leyenda, la Virgen llegó hasta este lugar en barca y las rocas conocidas como a Pedra de Abalar (la vela), la citada Pedra dos Cadrís (el casco) y Pedra do Timón (el timón) son los restos

## Etapa 6

Mapa de la Etapa 6: Cabo Vilán, Piscifactoria, Parque eólico Cabo Vilán, Trasteiro, Xaviña, Tasaraño, O Allo, A Ponte do Porto, Alto do Cotro, Dor, Eª de la Virxe do Monte, Camariñas, Porto de Cereixo, Pta Sandría, Pta Villoeira, Pta do Castelo, Tufions, Montecelos, Pya da Barreira, Leis de Nemancos, Pta da Barca, Sºo de Nosa Sra da Barca, Ría de Camariña, Pta da Pedriña, Muxía, Pya das Raías, Pta do Lago, Prado da Cortiña, Chorente, Merexo, Sendón, Monte Buitra, Mºo de Moraime, Molinos, Vilar de Sobremonte, Quintáns, Suxo, Lourido, O Facho, Serantes, Os Muíños, Castelo

Muxía visto desde el mirador del Monte Corpiño. Debajo, secaderos de congrios en la misma localidad. En la otra página, la Pedra dos Cadrís ( la piedra de los riñones), a la que se le atribuyen propiedades curativas para la espalda y los riñones.

pactó en un transformador cercano. Si el día se presta, recomendamos llegar a este punto antes del atardecer para poder disfrutar de una de las mejores puestas de sol de A Costa da Morte.

Nos acercamos al faro de Muxía. Su presencia no impresiona pues se trata de una torre pequeña pero el lugar donde está situado suple cualquier falta de espectacularidad. Desde aquí al-

canzamos a ver toda la ría y el cercano cabo Vilán donde se divisa la luz del gran faro. Ya sólo nos faltan los faros de Touriñán y Fisterra. Pero la etapa no acaba aquí, nos queda un kilómetro caminando por el paseo oriental de Muxía que comienza A Ferida, un monumento a los voluntarios que trabajaron en la limpieza del fuel vertido por el petrolero *Prestige* en 2002. Bajando hacia el pueblo y, antes de llegar a la playa do Coído veremos las curiosas redes utilizadas para secar los congrios cuya pesca del congrio fue desde hace siglos una de las principales actividades de la flota de Muxía. Hoy la poca producción existente se envía casi en su totalidad a la población aragonesa de Calatayud, donde es considerado un producto tradicional. La jornada termina, no sin cierta tristeza al recordar aquella catástrofe, en la playa de O Coido, zona cero del desastre del Prestige que ahora luce espléndida. 🎎

Etapa 7

# MUXÍA → NEMIÑA

**LONGITUD:** 24,4 km. **DESNIVEL:** 1075 m positivos y negativos. **TRACK:** https://desni.in/caminofaros7

La penúltima etapa es la más difícil del Camiño, sobre todo los primeros diez kilómetros entre Lourido y Moreira con continuas subidas y bajadas por una costa agreste y casi inaccesible. El desnivel total y la longitud invitan a tomárselo con mucha calma.

ANXO RIAL

Una espectacular vista de Muxía captada desde el Monte Castro. En el extremo de la punta se aprecia bien el monumento a los voluntarios y parte del santuario. Al otro lado de la ría se ve el cabo Vilán y su faro.

SALIMOS de Muxía por la playa de O Coido, zona cero del *Prestige*, para tomar la carretera de la costa que nos lleva a la solitaria playa de Lourido a la que se llega por un camino irregular y resbaladizo, una constante que se va a producir en toda esta etapa de subidas y bajadas de fuertes pendientes. Las dunas que rodean la playa están llenas de vegetación y van ascendiendo por el monte hasta casi la aldea de Lourido. La playa es de arena muy fina y aguas de un color turquesa que da gusto

mirarla. Pero ojo, es una playa peligrosa para el baño. En el extremo de la isla se alza el parador Costa da Morte construido en forma aterrazada para intentar adaptarse al entorno y pasar desapercibido. El precio para alojarse no es que esté al alcance de todo el mundo, pero sí la colección artística propia compuesta por esculturas y fotografías íntimamente vinculadas a la vida, el paisaje, la historia y la cultura gallegas.

Hay que cruzar la playa hasta el Coido da Agra, donde se inicia el ascenso al Monte Cachelmo.

En la foto grande, bajando de Punta Buitra por los acantilados de Cuño donde el monte cae directamente al mar. Debajo un hórreo y caballos pastando libremente cerca del cabo Touriñán.

ARCAM / ADOBE STOCK

ALBA / ADOBESTOCK

Es ésta una de las subidas más duras del Camiño dos Faros, pues en sólo 750 metros se pasa de cero a 150 metros de altitud por un estrecho sendero entre toxos y las rocas. Desde su cumbre disfrutamos de unas espectaculares vistas de Muxía, rodeada de mar, con el Vilán al fondo, y de punta Buitra con Touriñán.

Comienza un descenso algo complicado que nos llevará a la playa de Arnela. Esta playa está tan escondida y tiene tan difícil acceso que ha sido utilizada en algún momento por narcotra-ficantes en sus descargas... o eso dicen. Tras el breve paso por la playa comienza la subida hacia la cima de punta Buitra por un sendero que sube a cholón por entre una fila de pinos repoblados. Punta Buitra es otro de los grandes salientes que tiene esta salvaje costa de Muxía. La pista de tierra que va hasta el final permite dar algo de descanso a las piernas castigadas por la dureza del trecho que hemos hecho desde Muxía, acompañados de unas hermosas vistas del mar rompiendo en los

# El último sol

En el cabo Touriñán hay dos faros. El más antiguo, que se construyó en 1898 por el gran número de naufragios que ocurrían en esta zona de la costa, no es más que una pequeña linterna que corona una construcción cuadrada pintada de blanco. Su linterna y óptica, recicladas del viejo faro Vilán, lanzaba un haz luminoso hasta 10 millas mar adentro. Casi un siglo después, en 1981, se construyó el nuevo faro, un cilindro de

hormigón de 11 metros de altura, rematado por la linterna, situada a 61 metros sobre el nivel del mar con un haz de luz que alcanza las 23 millas emitiendo destellos cada 15 segundos. De entre los muchos naufragios sucedidos en este sector se recuerda especialmente el protagonizado por el pesquero gallego *Ocho Hermanos* que fue partido en dos por el barco alemán *Madeleine Reig* sin que hubiera que lamentar víctimas. Se recuerda muy bien aquél acontecimiento porque 22 años después, el *Madeleine* se hundió en el mismo lugar. Por si no fuera suficiente las tormentas y los bajíos, en tiempos de la Primera Guerra Mundial, en este sector los submarinos alemanes mandaron al fondo del mar a un buen número de barcos aliados.

Un poco más delante, a la altura de la Illa Herbeira, está el punto más occidental de la España peninsular. Desde el equinoccio de primavera, entre el 21 de marzo y el 25 de abril, y después, del 13 de agosto hasta el 22 de septiembre, este lugar se convierte en un excelente balcón para presenciar como se pone el último sol de la Europa continental.

Una parada para tomar aliento y llenarse los ojos en la dura subida al Monte Pedrouzo. Debajo, otro momento de esta etapa que sobrevuela el mar por altos acantilados. Se observa en la piedra una marca del Camiño dos Faros.

acantilados de Monte Cachelmo y la playa de Arnela. Al llegar al final cambiamos totalmente de perspectiva y son los acantilados de Cuño y el cabo Touriñán los que protagonizarán el horizonte durante mucho tiempo. Ya por sendero subimos hasta la cima del Monte Buitra e iniciamos el descenso hacia el Coído de Cuño, una pequeña playa llena de bolos de todos los tamaños y de gran interés geológico. Después del naufragio del *Prestige*, todas estas rocas quedaron cubiertas de chapapote que fue imposible limpiar completamente, y aún se pueden ver restos de fuel incrustado en las piedras. Tanto aquí como en Moreira científicos del Consejo Superior de Investigaciones Científicas ensayaron una técnica pionera para eliminar la pegajosa pasta negra: la biorremediación, que consiste en utilizar bacterias capaces

de «comerse» literalmente los hidrocarburos. Esta técnica comenzó a utilizarse tras el terrorífico vertido del petrolero *Exxon Valdez* en 1989 que vertió millones de litros que se expandieron por más de 2000 kilómetros de la costa de Alaska.

El regato que desagua al final del coído es un buen lugar para detenerse y recuperar fuerzas

ANTONIO GONZÁLEZ

Debajo, la playa de Nemiña en la que desemboca el río Castro por la ría de Lires, formando un paisaje de gran belleza. En la otra página, cruce con una vaquera en el camino que conduce a la aldea de Talón.

antes de atacar la subida a los 269 metros del Monte Pedrouzo: dos kilómetros de ascensión con una pendiente media del 13 por ciento. No hay más remedio que dar la espalda al mar y entrar en el bosque porque es imposible continuar por la costa. Como en el resto de la etapa, sólo se percibe una cosa: el silencio. En este tramo ni siquiera llega el ruido del mar.

Después de otro merecido descanso en la cima, aderezado por las vistas del cabo Touriñán allí a lo lejos, iniciamos el regreso al nivel del mar por un sendero irregular y una pendiente que, en algunos tramos, alcanza el 25 por ciento. El objetivo es la playa de Moreira, una hermosa cala de canto rodado y arena. Llegados a ella comprobamos la inaccesibilidad de los grandes acantilados de la Ribeira de Viseo que hace imposible que el Camiño se acerque más a la costa. Ya hemos pasado el tramo más duro de la ruta; diez kilómetros sin

FOTOS: ANTONIO GONZÁLEZ

tregua en los que parecía más una travesía alpina que una ruta costera.

Una pista nos acerca hacia el cabo Touriñán y la Illa do Castelo, el punto más occidental de la España peninsular —incluso más que el propio Finisterre—. A nuestra izquierda quedan Touriñán y Campos, aldeas típicas del *Finis Terrae*, con gran cantidad de hórreos y habitadas por gentes acostumbradas a los duros inviernos.

El cabo Touriñán es un enorme saliente en la costa de más de dos kilómetros de longitud que tiene en su extremo un faro. En este punto, durante muchos días al año, se pone el último sol de Europa. Empezamos nuestro recorrido bordeando todo el cabo por un pequeño sendero que nos acerca a los acantilados de Gaivoteira.

Si nos asomamos hagámoslo con sumo cuidado pues un resbalón puede resultar fatal.

En la última parte de la etapa pasaremos por la Insua do Castelo o Herbosa a la que se puede acceder por tierra en mareas muy vivas. Tiene en su parte superior los restos de una pequeña torre o faro, cuyo origen no conocemos. El recorrido casi circular por el cabo termina en el Coído de Touriñán. Allí comienza una carretera con escaso tráfico que utilizaremos hasta la aldea de Talón. Y por fin llegamos a la playa de Nemiña, en la que desemboca el río Castro por la ría de Lires, formando un paisaje de gran belleza. En la playa hay un par de bares pero ningún alojamiento, y tampoco en los pueblos de alrededor. Los más cercanos están en Lires.

El constante viento ha formado un extenso sistema dunar en la playa do Rostro. Las intensas corrientes y el oleaje no permiten el baño, pero a cambio, es un lugar delicioso para caminar llenando los pulmones del aire atlántico.

**Etapa 8**

# NEMIÑA →
# FINISTERRE

**LONGITUD:** 26,2 km. **DESNIVEL:** 1100 m positivos y negativos. **TRACK:** https://desni.in/caminofaros8

La última etapa es bastante larga, por lo que es recomendable comenzar temprano: Comienza en la playa de Nemiña desde la que podemos contemplar lo que nos espera antes de llegar al mítico Finis Terrae: de izquierda a derecha todos los acantilados y las playas del Rostro, Arnela y el Cabo de la Nave, última punta antes del Cabo Fisterra.

AL final del arenal de Nemiña llegamos a la desembocadura de la ría de Lires, la más pequeña de Galicia y un paraíso ornitológico. La ría obliga a dar un rodeo de tres kilómetros por el puente de Vaosilveiro y Lires. Toda esta vuelta se puede ahorrar cruzando la ría, pero esto sólo es posible durante un par de horas en los meses de verano, una hora antes y una hora después de la marea baja. Si no coincidimos con ese momento hay que caminar río arriba hasta el puente de Vaosilveiro para cruzar el río Castro. A un tiro de piedra está Lires, una aldea con mucho encanto, rica en hórreos y con casas rurales que ocupan viejas casas restauradas, que está acostumbrada a ver pasar peregrinos rumbo a Finisterre.

Desde Lires vamos a reencontrarnos con el mar en la playa del mismo nombre, después de

ANTONIO GONZÁLEZ

recorrer tres kilómetros. El descansado paseo que ha sido la jornada ha llegado a su fin. Tenemos por delante un pronunciado ascenso que ha de llevarnos a los espectaculares acantilados de punta Besugueira y de la Mexadoira. Una vez más el Camiño se ve obligado a entrar hacia el interior. Una vez que salimos del acantilado de la punta da Lagoa el camino se vuelve más ancho y fácil. Caminamos a más de 100 metros sobre el nivel del mar que no dejamos de ver y escuchar en ningún momento. Los acantilados caen en vertical sobre una base de rocas contra las que rompe el mar. Al final del acantilado, en el descenso, un arroyo que baja del monte cae directamente al mar formando una pequeña cascada. Las rocas están muy resbaladizas y es falir perder el equilibro de modo que hay que tener mucho cuidado si no vencemos la tentación de intentar hacer la foto del millón de *likes*.

El siguiente hito en la ruta es la playa do Rostro, otra maravilla salvaje de la Costa da Morte. Abierta al océano Atlántico, el constante viento que allí golpea durante buena parte del año ha formado un extenso sistema dunar, con alturas importantes y llenas de vegetación, lo que en algunas épocas del año le da un colorido especial. El baño está prohibido por las intensas corrientes y el oleaje, pero a cambio, es un lugar delicioso para caminar llenando los pulmones del aire oceánico. Una leyenda cuenta que debajo de sus

PABLO DE GARATE

y do Castelo que vamos a recorrer por su parte superior. En este lugar naufragó en diciembre de 1987 el carguero panameño *Casón* dejando un saldo de 23 marineros muertos de los 31 que componían la tripulación. El barco transportaba productos químicos inflamables que hicieron explosión lo que motivó la evacuación de toda la población de Finisterre, Cee y Corcubión (unas 15 000 personas) por temor a una nube tóxica. El barco fue desguazado en el lugar donde encalló, aunque la mayor parte de su estructura y el pecio permanece bajo las aguas.

Punta Castelo también es conocida como Castromiñán porque bajo el tojo y la hierba dormitan los restos de un castro de la Edad del Hierro que es el más espectacular de los castros costeros de Galicia. Poniendo mucha atención y algo de imaginación se pueden distinguir sus dos murallas exteriores semienterradas. A primera vista parece un lugar inhóspito pero la ubicación no es casual pues aprovecha el agua de varios manantiales que surgen allí mismo y

arenas se encuentra la mítica ciudad de Dugium, fundada por los nerios y que sucumbió bajo una enorme ola en un apocalíptico temporal. Lo cierto es que algo ocurrió aquí puesto que el estudio geológico demuestra que se sucedieron cambios geológicos con mucha rapidez. Son dos kilómetros de arenal los que tendremos que recorrer hasta encontrar el pequeño sendero que ha de conducirnos hasta la punta do Rostro. Las buenas vistas que se consiguen desde aquí aconsejan hacer una parada.

Nada más perder de vista la playa do Rostro y darnos la vuelta nos encontraremos con otro de los paisajes únicos del Camiño dos Faros. Los acantilados formados por las puntas do Rostro

ANTONIO GONZÁLEZ

# El naufragio más terrorífico

En las cercanías de cabo Finisterre tuvo lugar el naufragio con más barcos implicados y más víctimas de la historia de Galicia. En 1596, ocho años después del desastre de la Armada Invencible y tras varias temporadas de saqueos británicos en las costas gallegas, Felipe II manda zarpar desde Cádiz una flota de más de un centenar de barcos de toda clase mandada por Martín Padilla. El 28 de octubre de 1596, frente a las costas de Finisterre, un fuerte temporal hunde 25 barcos con un saldo de 1706 marineros muertos o desaparecidos. El resto de las naves fueron recalando en puertos por todo el norte hasta Vizcaya. Como muchos otros pecios, a lo largo de los años, estos barcos han sufrido un saqueo impune y sin control. En 2006 la Xunta de Galicia comenzó los trabajos de estudio arqueológico del patrimonio cultural sumergido en torno al cabo Finisterre con fondos propios y otros provenientes del Ministerio de Cultura. La aportación económica oficial se interrumpió en el 2012 pero el estudio continuó con la colaboración del Ayuntamiento de Finisterre, la Cofradía de Pescadores de ese puerto, empresas privadas y el apoyo de la Universidad de Texas A&M. Hasta el momento han sido descubiertos, en este tramo de la Costa da Morte, 25 pecios, 20 de ellos de interés patrimonial, con un amplio espectro cultural y cronológico.

una situación estratégica pues podían vigilar el interior sin ser vistos. Rodeados de precipicios que caen al Atlántico, los habitantes de este castro no necesitaban ninguna otra defensa. El castro está catalogado como monumento de protección integral por la Xunta de Galicia, pero apenas se ha investigado.

Desde aquí contemplamos el cabo da Nave. Para llegar a él hay que cruzar los acantilados que flanquean la solitaria playa de la Arnela, que aparece como un remanso de tranquilidad entre los acantilados de punta Castelo y el cabo da

Nave. Como la anterior tiene un hermoso complejo dunar que es hábitat de una vegetación protegida. Y también como la anterior, e una playa muy peligrosa para el baño.

Por el sendero que bordea la playa de Arnela llegamos a los primeros acantilados del cabo da Nave. Toda la etapa hemos caminado por una costa agreste y abrupta, pero este tramo no tiene comparación. Durante dos kilómetros y medio, iremos ascendiendo desde una altura de 40 metros hasta los 220 metros de las antenas del cabo da Nave. Un tramo duro pero inolvidable que deberemos tomar con muchísima tranquilidad y que tiene difíciles escapatorias. Desde el sendero vemos todos estos acantilados salvajes que caen en picado hacia un océano bravo y salvaje.

Desde las antenas del cabo de la Nave vemos el último acantilado, la última playa y el último

En el cabo da Nave comienza un exigente descenso hacia la playa de Mar de Fora y el Monte Facho. En la otra página, el puente de Vaosilveiro sobre el río Castro y restos de los naufragios de 1596.

monte que oculta el último faro. Bajamos por la carretera de las antenas hasta encontrar una desviación a la derecha que nos llevará, en un descenso exigente, a la playa de Mar de Fora, a espaldas de la villa de Fisterra. Pese a estar algo más protegida que las anteriores, la playa de Mar de Fora no deja de ser una playa orientada al mar abierto, ideal para pasear y respirar ese olor a mar que lo inunda todo, pero muy peligrosa para el baño.

Al otro extremo de la playa arranca el Camiño da Insua, un antiguo sendero encajonado entre rocas, que nos irá acercando a Monte Facho, un lugar de leyenda. En Duio se han hallado muchos

Nemiña
Monte Nemiña
Talón
Pta da Vela
Pto Cusiñadoiro
Pto de Nemiña
San Xosé
Ría de Lires
Lires
A Pereira
A Canosa
Pta Besugueira
Ruibó
Pya do Rostro
Sembra
Pta do Rostro
Buxán
Sardiñeiro de Arriba
Cee
Pto de Arnela
Castro de Castrominán
Sardiñeiro de Abaixo
Corcubión
Denle
Estorde
Mallas
Pto de Sardiñeiro
A Oliveira
Monte Pión
Pya de Langosteira
Cabo da Nave
San Martiño de Abaixo
Pya de Mar de Fora
Fisterra
Cabo da Nasa
Cabo de Cee
Pta dos Abeláns
Monte Facho
RÍA DE CORCUBIÓN
Illa Lobeira
0    1
km
Cabo Fisterra

TRONA / ADOBE STOCK

restos arqueológicos que insinúan que allí pudo haber estado Dugium, la gran ciudad de los antiguos pobladores célticos de estas tierras, los nerios. Y que aquí, en la cima de Monte Facho, tenían el altar donde hacían sus ritos de culto al sol. Viendo como el sol se pone en el Atlántico no es extraño que así fuera. Como todos los lugares paganos, éste fue cristianizado de la mano de un anacoreta llamado Guillerme que construyó allí una ermita.

Monte Facho ha sido también, desde tiempos inmemoriales, un lugar clave para la navegación. Antes de la construcción del faro en 1853, en su cima se encendían hogueras para guiar a los bar-

cos que surcaban estas difíciles aguas o para avisar a las ciudades de incursiones enemigas. En la cima se encuentran los restos de lo que podía ser una torre para hacer el fuego y muy cerca de él las Pedras Santas dotadas del don de dar la fertilidad por lo que en ellas se acostaban las parejas que no podían tener hijos.

En continuo ascenso llegamos a la parte oeste del cabo, a partir de la cual comienza el último repecho, de mucha pendiente y con firme pedregoso antes de contemplar las primeras vistas del faro de Finisterre. Hemos llegado al *Finis Terrae*, punto final de Camiño dos Faros y de muchos peregrinos que después de

visitar la catedral de Santiago continuan su peregrinación hacia el oeste para ver hundirse el sol en el Atlántico y cumplir con un rito emocionante: dejar allí el calzado con el que hicieron el camino. Una bota de bronce hace honor a esta tradición.

El faro de Fisterra, de primer orden, fue construido en 1853 para señalizar este punto geográfico clave en la navegación. La torre octogonal de cantería mide 17 metros y su linterna, situada a 138 metros sobre el nivel del mar, alcanza más de 30 millas náuticas emitiendo un destello cada cinco segundos. Por la habitual niebla que aparece en invierno se instaló

Vista aérea del faro de Fisterra, construido para señalizar este punto clave en la navegación. También es el punto final para muchos peregrinos jacobeos.

en 1889 una sirena. Su sonido grave parecido a un mugido —se conocía como la Vaca de Fisterra– se podía escuchar a más de veinte millas. En la actualidad ya no está en funcionamiento. El conjunto se completa con el edificio del Semáforo, construido en 1879 para dar señales a la marina de guerra. Hoy es un pequeño y curioso hotel en el fin de la tierra. Si miramos para el sur, toda la ría de Corcubión, las islas de la Lobeira y el imponente Monte Pindo completan este mirador natural. 🛐

Además de los espectaculares acantilados, Costa da Morte cuenta con otros paisajes que asombran, como los Penedos de Pasarela y Traba, un verdadero museo de escultura al aire libre.

# EXCURSIONES POR EL INTERIOR DE LA COSTA DA MORTE

Costa da Morte es mucho más que litoral; es una comarca que penetra muchos kilómetros tierra adentro por un territorio lleno de historia y con un montón de lugares que merece la pena visitar y conocer a ritmo lento, como se puede comprobar con la selección de excursiones que publicamos en las páginas siguientes.

La Fervenza de Rabiñoso está formada por varios saltos de agua sucesivos que alimentaban a cinco molinos.

SEGUIR LA CORRIENTE

# RUTA DA AGUA DE ZAS

Un río, tres *fervenzas* (cascadas), varios *muiños* (molinos) ya en desuso, un batán, un par de aldeas profundamente tradicionales, hórreos de gran porte, un castro, una abellariza (construcción tradicional que consiste en un muro circular de piedra donde se guardan colmenas) y algunas otras cosas es lo que encontrarán los caminantes que recorran la Ruta da Agua de Zas. // Texto: redacción GE. Fotos: varios autores

Arriba, un enorme cabazo de 16 pies en la aldea de Budián. En la otra página, el banco que se ha instalado frente a la Fervenza de Budián o do Muiño. Si el río baja con mucho caudal es probable que no podamos hacernos la foto.

L río do Sisto y sus afluentes, el rego da Fervenza y el río Parga, son los hilos conductores de esta sencilla ruta, apta para todos los públicos, prácticamente circular, puesto que sólo se repite un pequeño tramo al principio. La abundancia de corrientes en este municipio de Terra explica que ya en 1753 hubiera 17 molinos de río registrados en el catastro del Marqués de Ensenada, muchos de cuales, ya arruinados, vamos a tener ocasión de ver en este itinerario homologado por la Federación Gallega de Montaña como sendero de pequeño recorrido PR-G 250.

## ITINERARIO

La ruta comienza en la carretera de A Piolla a Zas, junto al puente que cruza el río Sisto donde hay espacio para aparcar varios coches. Un panel informativo resuelve cualquier duda que pudiéramos tener. El Muíño da Ponte aparece nada más dejar atrás el puente y enseguida el Muíño do Herdeiro, y luego otro y otro más, cada uno con su nombre propio como podemos ver en sus correspondientes rótulos grabados en postes de madera. Junto al Muíño de Herdeiro

hay un cartel que señala el camino para llegar a una abellariza, construcción tradicional que consiste en un muro, habitualmente circular, que guarda un grupo de colmenas.

Después de caminar casi un kilómetro por un buen camino tierra a la sombra del bosque de ribera, desembocamos en una carreterita por la que caminaremos unos 150 metros en dirección a la Fervenza de Budián, y a continuación cogemos un camino de tierra señalizado que nos aleja del río. Reencontramos el asfalto para atravesar Budián, una aldea típicamente gallega, con sus casas de piedra, sus hórreos (que aquí llaman cabazos) y las lacenas, unas ventanas ciegas que se instalan en algunos muros para las abejas. Todo ello conforma un sugerente conjunto tradicional.

Dejamos la aldea de Budián por un camino de tierra para dirigirnos a la Fervenza de Budián o do Muíño. La cascada no es muy alta, unos seis metros. De ésta se cuenta la leyenda de que en la poza que forma hay oro, pero que no se puede recuperar porque la poza no tiene fondo. Si el río baja cargado es probable que no podamos llegar a sentarnos en un banco de madera que se ha

Aperta, Enxebre, Orballo, Bico, Quérote...
—— Galiza Fascina, o Galego Namora ——

instalado en una rocas justo enfrente de la cascada. En el respaldo del banco se puede leer la siguiente leyenda: «Aperta, enxebre, orballo, bico, quérote…Galicia fascina, o galego namora» (Abrazo, tradición, rocio, beso, te quiero… Galicia encanta, el gallego enamora…). El banco se ha hecho tan famoso que parece ser que se llegan a formar colas considerables para hacerse una foto en él. Junto a la cascada vemos el molino de Budián que se comunica por medio de un canal con otro molino situado un poco más arriba. No cabe duda de que los paisanos de antaño supieron sacar todo el provecho a las aguas del río.

Desandamos los 50 metros que hemos hecho para acceder a la cascada y entramos en una senda a orillas del Rego da Fervenza que, en periodos de lluvia, se encharca, lo que puede complicar mucho la excursión. Seguimos encontrando molinos que aprovechan los sucesivos saltos

Abandonamos la senda de ribera, aunque no el bosque, y entramos en otro tramo de asfalto entre prados y eucaliptos que lleva a la aldea de

Parga. En el centro de la aldea se sostiene a duras penas la antigua escuela y a su lado unas abellarizas tradicionales. Dicen que Parga tiene dos horas menos de sol que el resto de la parroquia, ya que el monte Pión y el Pico de Meda lo tapan al amanecer y al atardecer.

Después de dejar atrás la aldea llegamos a orillas del río Parga cuya senda ha de llevarnos a la cascada que lleva el nombre de la aldea y que, naturalmente, tiene su molino y su leyenda. Cuentan que una joven se arrojó a la cascada por un amor no correspondido y que las noches

FOTOS: JUAN CARLOS PRIETO

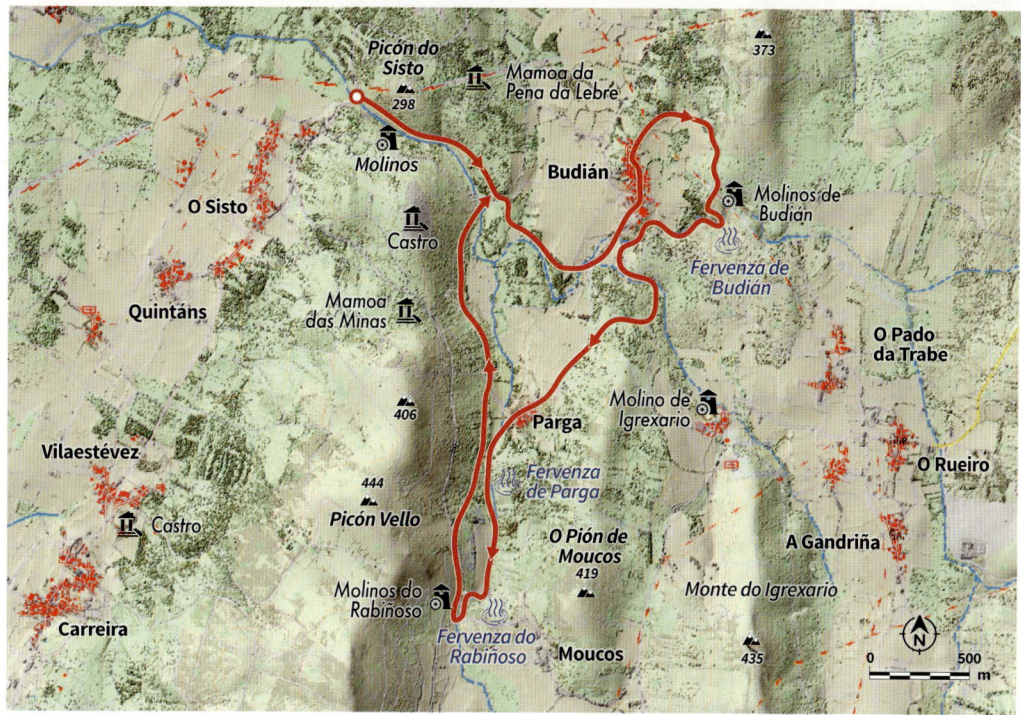

de luna llena cuando el río baja cargado de agua, se pueden oir sus gritos desesperados entre el estruendo del agua.

Avanzamos a orilla del río Parga buscando la siguiente cascada, de nombre tan ruidoso como el propio salto de agua: Rabiñoso. Al salto superior se accede por unas escaleras y encontramos otra simpática sorpresa: un columpio de cuerda que pende de la rama de un árbol y que da la oportunidad de balancearse sobre la cascada y hacerse unas divertidas fotografías. El sendero sube aguas arriba de la cascada y llegamos a otro grupo de molinos: nada menos que cinco, uno de ellos excavado en la roca.

Al final está la portilla de Laxes, rústico puente que cruzamos para alcanzar una pista por la que iniciamos el regreso. Comparados con los tramos anteriores, tan ricos en cascadas y molinos, estos últimos tres kilómetros pueden parecer aburridos. Finalmente reencontraremos el camino recorrido por la mañana y que nos devolverá al puente del Sisto.

## FICHA TÉCNICA

**COMIENZO:** puente sobre el río Sisto, en la carretera de O Sisto a A Piolla. **TIPO:** circular.
**LONGITUD:** 10 km.
**DESNIVEL:** +217 m.
**CARTOGRAFÍA:**
hojas 68-2 y 69-1 del IGN. 1:25 000.
**TRACKS:** https://desni.in/rutadagua
**OBSERVACIONES:** es interesante visitar las Torres do Allo en Zas. Es uno de los pazos más antiguos de Galicia y uno de los mejores ejemplos de la vida nobiliar de la Alta Edad Media. La entrada es gratuita.

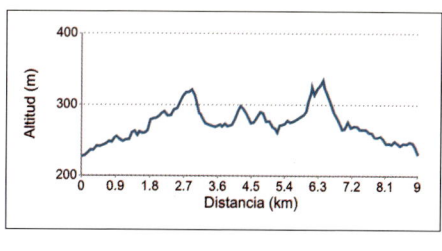

En la otra página, arriba, un rústico asiento a la orilla del río Parga. Debajo, el panel explicativo de la ruta que encontraremos al inicio.

La ruta visita la Pedra da Serpe, un monumento «valioso, singular y misterioso» como reza en el panel informativo que tiene a su vera.

REFUGIO COSTERO

# ESTUARIO DEL RÍO ANLLÓNS

El río Anllóns nace en la modesta sierra de Montemaior, en Laracha, a escasos 500 metros de altitud. Su vida es corta: sólo recorre 54 kilómetros antes de llegar al Atlántico en la ría de Corme y Laxe, formando enclaves de gran belleza como el refugio de Verdes en Cereo, donde las aguas se dividen en varios ramales formando pequeños islotes unidos por puentes. // Texto y fotos: Anxo Rial.

# A Pedra da Serpe,
## un monumento valioso, singular e misterioso

A Pedra da Serpe é un monumento único de suma importancia. De orixe descoñecida e datación incerta, espertou a curiosidade de moitos historiadores, e aínda hoxe segue sendo obxecto de estudo. Trátase dun penedo de granito co relevo dunha serpe, sobre o que se chantou unha cruz. A cruz actual é recente, pois a anterior foi derrubada accidentalmente. O culto á serpe aparece xa en tempos prehistóricos, aínda que a realización deste relevo posiblemente sexa posterior: romana, medieval ou incluso máis tardía.

Estes cultos pagáns tan arraigados que se manifestan noutros lugares da costa atlántica foron combatidos pola Igrexa Católica, que cristianizou moitos deles.

■ Documentado polo arqueólogo B. Sinela en Antigüedades de Galicia (1875).

### Un reflexo da loita da relixión cristiá coas crenzas pagás

Conta a lenda que foi Santo Adrián, patrón desta parroquia, o que librou esta terra dunha praga de serpes, ao petar lixeiramente co pé no chan e facelas desaparecer todas, quedando encantadas baixo esta pedra. Din que a praia próxima da Ermida aínda se ven na beira das Eiruces, entre a area, da antiga e rica vila de Valverde, queimada polos romanos para escarmentar ás serpes.

■ Crucifixión que se garda na igrexa de San Vicente da Graña. A serpe aparece enrugada nos pés do Cristo.

### A simboloxía da serpe

Na base do cruceiro podemos apreciar a figura dunha serpe alada, algo excepcional no mundo occidental, coa cabeza ben definida e coa cola rematada en punta triangular. En Galicia, as representacións de serpes remóntanse á época megalítica, aparecendo algúns gravados en antas. Tamén se ve o motivo da serpe nalgúns petróglifos e nalgúns xacementos castrexos. O relevo figurativo, como o desta pedra, só aparece a partir da romanización. O significado da simboloxía da serpe é moi variado e, en moitos casos, descoñecido. Tense relacionado coa idea da fecundidade, como gardadora de tesouros, como símbolo de curación e eternidade e tamén como un elemento demoníaco.

■ A serpe aínda está rodeada de mitos e lendas. Risco ten recollido testemuños de xente que asegura ter visto cóbregas voando.

( Conservar o noso patrimonio axúdanos a descubrir o noso pasado )

LAS orillas del Anllóns invitan a hacer excursiones entre su vegetación de ribera que cumple un papel fundamental en la conservación del río y su biodiversidad. El río Anllóns diversifica el paisaje, filtra sus aguas y forma un corredor natural que da vida a especies como la nutria, la ardilla, el zorro, el sapo corredor, las salamandras amarilla y rabilarga o los lagartos verdinegro y arenal. En definitiva, el Anllóns es uno de los tesoros naturales de Galicia.

Para el encuentro con las aguas oceánicas, el río Anllóns engalana su cauce dando forma al hermoso estuario del Anllóns, un humedal que cobija numerosos ecosistemas y gran variedad de avifauna, lo que le valió la denominación de Lugar de Importancia Comunitaria en el 2001 y Zona Especial de Conservación en 2014. Estamos ante un paisaje similar a Foz u Ortigueira, donde se han formado marismas gemelas,

pequeños descansos naturales alejados del furioso oleaje del océano Atlántico.

## ITINERARIO

Este recorrido por uno de los márgenes de la ría de Corme y Laxe comienza en la localidad de Ponteceso, siguiendo el sendero de pequeño recorrido PR G-148. Iniciamos la caminata dirigiéndonos hacia el norte, en los aledaños de la casa natal del escritor y poeta Eduardo Pondal, máximo exponente de la literatura regionalista gallega.

Abandonamos el asfalto después de 200 metros, buscando un camino a la izquierda que dirige nuestros pasos hacia el malecón do Couto, un paseo fluvial entre el cauce del río y los humedales. Un puente de madera nos deja en la ensenada de A Insua. Allí encontramos el camino por el que regresaremos. Pero de momento continuamos por la orilla de la ensenada. Un ob-

En la otra página, pasarelas de madera en la ensenada de A Insua. Arriba, el estuario del río Anllóns visto desde el Monte Branco. Debajo, A Pedra da Serpe, un sencillo monumento con un enorme valor etnográfico.

servatorio ornitológico nos muestra la importancia de este lugar para los amantes de las aves. Estamos en el Pozo dos Caldeiros y la arena comienza a cubrir el camino.

Llegamos a un cruce de camino con señales: Debemos continuar por el ramal de la derecha, que sube algo y permite una visión panorámica de las dunas y la lengua de arena que forma la playa de Barra, la isla de Os Cagallóns y Tiñosa. El sendero continúa hasta la playa de Balarés, muy popular en verano.

Ahora, el camino abandona la primera línea de costa y se dirige al interior, usando brevemente la carretera de la playa. Abandonaremos el asfalto en la primera desviación a la izquierda. A partir de aquí, la ruta, que hasta el momento

La excursión que se describe en estas páginas combina los senderos de pequeño recorrido PR G-148 y PR G-148.1. Debajo, vista general del estuario de Anllóns y el Monte Branco al fondo,

ha sido llana, comienza a empinarse. Como no hay mal que por bien no venga, comenzamos a tener unas soberbias panorámicas del cercano Corme, el pueblo de Laxe y toda la desembocadura del Anllóns. El recorrido continua por un bosque de eucaliptos. Hacemos caso omiso de una bifurcación que surge a nuestra derecha, para continuar, en suave descenso y todo lo más cerca posible de la costa, hasta la aldea de Gondomil, un nombre que parece sacado de la saga del *Señor de los Anillos*.

Este pueblo es un lugar muy visitado por su Pedra da Serpe, una roca a la vera del camino con la figura de una serpiente en relieve tallada mucho antes de que el cristianismo llegara a estas tierras. Como en tantos otros lugares de ritos paganos, los cristianos se adueñaron de la peña asociándola a la figura de San Adrián y añadieron una cruz de piedra a la roca. La historia está plasmada en unos carteles explicativos justo enfrente.

Desde ese mismo punto parte el camino que nos permite continuar con la excursión. La pista, con las marcas del sendero PR G-148.1 se aden-tra en el monte custodiada por un bosque de pinos y eucaliptos. Nos esperan más de dos kilómetros de subida por los montes de Loureiros, Alto das Travesas y Monte Blanco. En la primera bifurcación del camino, debemos girar a la derecha y continuar siempre por la pista principal

hasta enlazar con la carretera CP-6803, que conecta con la playa de Balarés.

Es preciso caminar un pequeño tramo por asfalto hasta llegar a una explanada donde comienza el desvío al mirador del Monte Branco. Son apenas 400 metros que nos darán una perspectiva nueva de la ría, el estuario y las tierras de Bergantiños. Este monte situado a 172 metros sobre el nivel del mar, debe su nombre a la arena que, empujada por los vientos, cabalga sobre sus laderas. Es una atalaya importante para los habitantes de Ponteceso y hasta el propio Eduardo Pondal le dedicó uno de sus poemas.

Desde el mirador regresamos sobre nuestros pasos hasta la explanada y allí, sin llegar al asfalto, buscamos una pista a la derecha que en descenso nos lleva hasta la ensenada de Insua, donde conectamos con el camino de ida que nos devuelve por el malecón de Couto hasta el centro de Ponteceso.

## FICHA TÉCNICA

**COMIENZO:** localidad de Ponteceso. **TIPO:** semi circular. **LONGITUD:** 16,54 km. **ALTURA MÁXIMA:** 192 m. **DESNIVEL:** +339 m. **CARTOGRAFÍA:** hojas 42-2 y 4 del IGN. 1:25 000. **TRACK:** https://desni.in/estuarioanllons **QUÉ VER:** a tan sólo 8 kilómetros de Ponteceso, se encuentra uno de los primeros castros descubiertos en Galicia. El asentamiento de Borneiro, fue descubierto en 1924 y fue habitado entre los siglos VI a. C y I d. C.

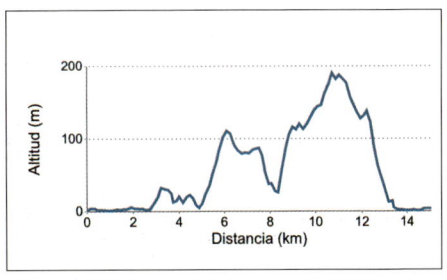

## ESCULTURAS AL NATURAL
# PENEDOS DE PASARELA Y TRABA

No sólo las rocas blandas como la caliza y la arenisca son víctimas de la obsesión escultórica del viento y el agua; también el granito se deja modelar y sacar a la luz las fantásticas formas que encierra. Los Penedos de Pasarela y Traba son un buen ejemplo de lo que consigue al erosión y el tiempo en las duras peñas graníticas.

Texto: redacción GE. Fotos: varios autores

La formación conocida como
O Coello e o Pallaso Triste
(El Conejo y el Payaso Triste).
Un panel al pie de las rocas
facilita identificar el parecido.

PENEDO en gallego significa roca o peña, y rocas pero con formas que dan rienda suelta a la imaginación es lo que vamos a encontrar en abundancia en los Penedos de Pasarela y Traba, una suerte de museo de esculturas naturales al aire libre que se sitúa en la parte oriental de la Serra de Pena Forcada, un cordal a poco más de tres kilómetros de la Costa da Morte en el que predominan rocas graníticas de color rosado.

El interés geológico y paisajístico de este paraje de unas dos hectáreas que comparten los municipios de Vimianzo y Laxe condujo a la Xunta a declararlo Paisaje Protegido en 2009 y a implementar tres rutas aprovechando los senderos tradicionales. Dos son circulares y otra es lineal, pero pese a su distinta longitud, ambas visitan las peñas más curiosas que se agrupan en tres zonas: de norte a sur, Da Moa, Da Forcada y Da Cachucha. Cada una de las rutas cuenta, el inicio, con un panel con el recorrido y un código QR que permitir descargar el track. Aparte de las señales de dirección, las rocas más

importantes cuenta a su vera con un panel que representa, por medio de un dibujo, la figura o figuras que evocan.

## ITINERARIO

El itinerario que vamos a describir combina la ruta lineal con una de las circulares, lo que nos permitirá conocer todas las rocas interesantes partiendo de Pasarela y sin necesidad de llegar a Traba.

Comenzamos pues en Pasarela, o más bien en el barrio de O Penedo, unos 200 metros al norte. Cruzamos la aldea para continuar por un camino por un bosque. Muy pronto llegamos a las primeras formaciones rocosas. La primera roca que aparece es El Barco, una peña alargada que recuerda vagamente al casco de un submarino. Inmediatamente se ve la A Cachucha, que da nombre al sector y que recibe ese nombre por su parecido con una gorra con visera en su acepción castellana. La roca se asienta sobre un zócalo donde se aprecian cortes debido a la extracción de piedra que se hizo en 1997.

FOTOS: ANXO RIAL

El Bico (El Beso) es otra de las curiosas formaciones rocosas que hay en los Penedos de Pasarela y Traba. En la otra pagina, vista de la playa de Traba desde la Torre da Moa.

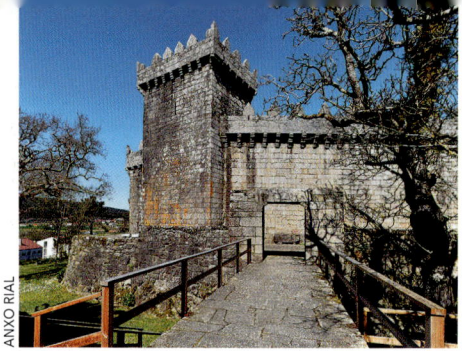
ANXO RIAL

# Asaltar el castillo

Si uno anda por las Tierras de Soneira en el mes de julio, en concreto en la primera semana, no puede perderse el Asalto al Castillo, una fiesta que rememora la toma de la fortaleza de Vimianzo durante la Revuelta Irmandiña, una revuelta social que tuvo lugar en Galicia entre 1467 y 1469 para protestar por el maltrato que el pueblo recibía de los nobles. Durante la revuelta se asaltaron numerosos castillos y los nobles se vieron obligados a huir a Portugal y Castilla. El castillo de Vimianzo quedó prácticamente destruido y fue posteriormente reconstruido en diferentes etapas. Hoy todo el recinto está restaurado y es visitable. En sus estancias se han habilitado diferentes museos y exposiciones que muestran las excelencias de la comarca y las tierras de Soneira.

Siguiendo las señales iremos encontrando sucesivamente el Cantor, el Camello, el Saurio, el Conejo y el Payaso triste, la Tortuga, el Tiburón, la mano, el Hígado… Cuando el parecido no salta a primera vista los paneles ayudan a conseguirlo.

Terminado el rodeo por el sector regresamos al camino troncal para poner rumbo al sector Da Forcada. En el interín, atravesamos un pinar donde está la piedra de Avalar que se balancea al subirnos encima. Después van apareciendo O Can (el Perro), O Magrebí, el Orante y la Osa que se ven alejadas, el Galeón, la Esfinxe, la Forcada, el Can con su moñete en forma de tortuga o pez y el Xigante deitado (Gigante acostado). Dejamos atrás el sector do Forcada con claro rumbo norte buscando el sector Da Moa. Aparecen señalizaciones a Pedra Encantada, Pedra Pichón da Gallas, O Bico y Pedra Cuberta o Torre da Moa. El ascenso a esta última peña no es fácil, y se ha instalado una cuerda fija en los pasos más difíciles. Una vez en lo alto, todavía es factible una pequeña trepada hasta la misma cumbre de la peña. El lugar es magnífico y las

XAIME CORTIZO. CORTESÍA AYTO. DE VIMIANZO

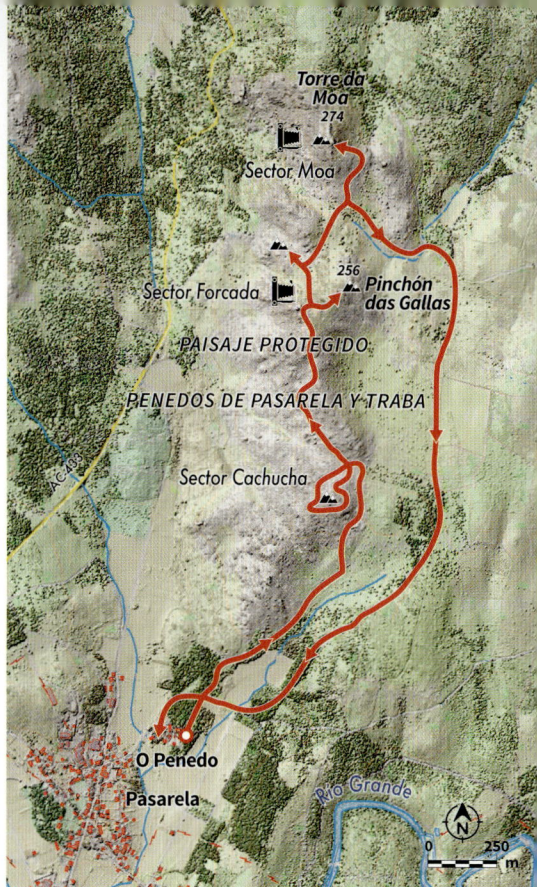

## FICHA TÉCNICA

**COMIENZO:** aldea de Pasarela.
**TIPO:** circular.
**LONGITUD:** 7,59 km.
**DESNIVEL:** 223 m.
**CARTOGRAFÍA:** hoja 68-1 del IGN. 1:25 000.
**TRACK:** https://desni.in/penedospasarela

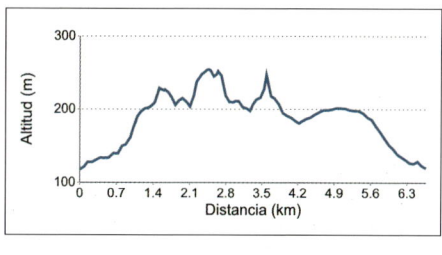

vistas son espectaculares y gratificantes. Al norte vemos la playa de Traba, un inmenso arenal de más de tres kilómetros de longitud con una cadena de dunas y una laguna refugio de gaviotas, martines pescadores y lavanderas.

Regresamos a la pista principal para iniciar el regreso que tiene poco misterio pues transcurre por una pista asfaltada que nos conducirá sin generar dudas a O Penedo.

Arriba, la roca titulada A Gaudopa (La Garra). Debajo, una cuerda fija facilita la subida a la Torre da Moa. en la otra página, el castillo de Vimianzo y un momento de la fiesta del asalto al castillo.

## EL OLIMPO GALLEGO
# MONTE PINDO

Se puede afirmar, sin miedo a equivocarse, que el macizo montañoso de O Pindo es uno de los enclaves más espectaculares de Galicia. Las fantásticas formaciones de granito que se desparraman por todo el monte han alimentado la fantasía de nativos y forasteros que imaginaban castillos esfumándose en la niebla atlántica y gigantes que se movían a sus anchas durante la noche. // Texto y fotos: Anxo Rial

Panorámica del monte O Pindo
visto desde la apacibles y pintoresca
playa de Quilmas.

EL MACIZO DE O PINDO se extiende desde el final de la playa de Carnota hasta el pueblo de Ézaro, extendiéndose también hacia el interior hasta los montes de Buxantes, sólo separados por el cauce del río Xallas. Su magnitud y el característico tono rosáceo de sus rocas —que contrasta con el azul del mar— lo hacen muy visible desde la lejanía. Este macizo montañoso está constituido por granodiorita, o lo que es lo mismo, granito rojo con grandes cristales. Pacientemente, los vientos atlánticos y la lluvia han ido trabajando el gran domo dando forma a gigantescos bolos, paredes verticales y cilíndricas pías naturales (pilas) que han dado lugar, como no, a leyendas que hablan de las propiedades curativas del agua que queda retenidas en ellas.

El Monte Pindo es, en definitiva, un repertorio pétreo que desafía a la imaginación del visitante. Aparte de su gran interés geológico, el Monte Pindo guarda muchos atractivos paisajísticos y es refugio de una flora muy diversa. Razones no le faltan para estar protegido como Zona de Especial Protección de los Valores Naturales y haber dido incluido en la Red Natura 2000.

## ITINERARIO

El paseo por el macizo del Monte Pindo conserva la esencia aventurera de tener que caminar para alcanzar su cumbre, pues ninguna carretera ni pista se adentra en este océano de granito. Comenzamos el ascenso a A Moa, su punto más elevado, a pie de playa, en el pueblo de O Pindo, cuyas casas miran directamente al mar. La excursión parte de la fuente de la Capilla, justo detrás de la minúscula iglesia, por una *corredoira* bien marcada y señalizada que nos conduce por un bosque de pinos, para ir ganando altura y pendiente a medida que nos alejamos del pueblo.

Algún molino que lucha por sobrevivir a la maleza nos indica la actividad de hace años y nos entretiene hasta llegar a O Pedrullo (270 m),

En la otra página, a mitad de ruta nos encontramos con uno de los míticos guardianes pétreos del monte, O Xigante de pedra. Sobre estas líneas, la cascada del rio Xallas.

el primer pico de importancia que destaca en medio de este laberinto granítico. En el lugar todavía son visibles las desfiguradas ruinas del castillo de San Xurxo, mandado edificar en el siglo X por el entonces obispo de Iria Flavia, para proteger la zona de las incursiones de los piratas medievales. La fortaleza fue vivienda de familias nobles gallegas hasta su destrucción en 1467 a manos de la Revuelta Irmandiña.

Nuestros pasos continúan ahora por la izquierda, en un ascenso sin descanso pero con excelentes panorámicas del océano. La senda deambula entre los penedos (peñascos) de tamaño y forma desigual. Un angosto paso con restos de antiguas edificaciones nos introduce en una nueva dimensión donde el horizonte lo forma un caótico paisaje de gigantescas rocas. El camino

# Una cascada única

A pocos kilómetros al norte de O Pindo se despeña una de las cascadas más fotogénicas y singulares no sólo de Galicia sino de toda la península: es La Fervenza do Ézaro o cascada del Jallas (o Xallas). Aparte de su altura, unos 40 metros, resulta que es la única de Europa que cae directamente al mar. Aunque desde el 2011 tiene garantizada un caudal mínimo ecológico, es en invierno cuando se muestra más espectacular. Sin embargo, en verano, al caer la tarde se ilumina artificialmente y luz y agua se funden para ofrecer un espectáculo inolvidable. También hay un mirador que permite una visión muy diferente de este salto de agua, al que se accede por una carretera famosa por ser habitual en la Vuelta Ciclista a España. Existen referencias documentadas en el año 1724 que mencionan la cascada, describiéndola como una enorme humareda que se veía desde varios kilómetros mar adentro. Tanto es así, que actuaba como un faro para los marineros que cruzaban este litoral tan terrible.

se vuelve intenso y pisamos ahora por peldaños asimétricos. Tal vez estemos siguiendo los mismos pasos que los gigantes del Monte Pindo cuando, según una de las leyendas que nacieron en esta montaña, talaron los grandes robles del monte, lo que enfureció tanto a los dioses, que estos los dejaron petrificados.

Esta es la parte más dura del recorrido pues nos enfrentamos a una larga y desacompasada subida de grandes escalones, así que lo mejor es tomárselo con calma y disfrutar con el espectáculo de granito. El sufrimiento finaliza y la recompensa a nuestro esfuerzo se materializa en la amplia y verde campa de altura llamada Chan de Lourenzo, situada a 490 metros de altitud. Un espacio rodeado de peñas también conocido como La Mina debido a un yacimiento de wolframio que alimentó la maquinaria de guerra alemana durante la Segunda Guerra Mundial. Son todavía visibles algunas construcciones totalmente arruinadas y montículos de mineral.

Merece la pena detenerse en este fantástico lugar, tanto para dar un descanso a las piernas como gusto a los ojos, pues desde esta plataforma el horizonte se ensancha y se contempla a varios kilómetros de distancia una de las playas más largas de Galicia, el extenso arenal de Carnota. Aquí en la campa de altura, llama la atención entre todas las rocas, el Gigante de Piedra, una gran mole granítica con forma humana que, inevitablemente, evoca la leyenda de los gigantes petrificados. Desde este lugar ya divisamos la cumbre de A Moa, punto culminante del macizo, a 619 metros de altitud sobre el nivel del vecino mar.

Continuamos en suave ascenso entrando en una larga canal, donde los esqueletos de árboles calcinados de incendios pasados y las caprichosas formas rocosas dan forma a un paisaje casi lunar. La salida de la canal desemboca en un joven bosque de robles que nos conduce a una campa entre las rocas; entre ellas la gran mole de

A Moa que aparece a nuestra izquierda. La ascensión es fácil. Tras alcanzar un collado atacamos las últimas rampas, con un pequeño rodeo por la izquierda. En la cumbre, el paisaje reconforta todas las fatigas del camino: el océano a poniente, limitado por la costa desde el cabo Fisterra a la ría de Corcubión, Ézaro y finalmente Carnota cerrando el horizonte por el sur.

Con la brisa del mar bulle de nuevo la magia. Las fábulas cuentan que bajo nuestros pies descansa la Reina Lupa —una de las figuras más importantes de la mitología gallega— que tuvo la audacia de no permitir que se diera sepultura en su territorio a los restos del apóstol Santiago cuando llegó a estas tierras. Tal vez si estamos atentos al mínimo movimiento notemos algo que enriquecerá nuestra propia visita a este lugar. El regreso pasa por volver a recorrer el mismo camino de ida, ahora en un constante y pausado descenso, hasta alcanzar de nuevo las arenas de la playa de  San Pedro, en O Pindo.

## FICHA TÉCNICA

**COMIENZO:** población de O Pindo (8 m).
**TIPO:** lineal ida y vuelta.
**LONGITUD:** 8 km ida y vuelta.
**DESNIVEL:** +619 m.
**TRACK:** https://desni.in/pindo
**CARTOGRAFÍA:** hoja 93-3 del IGN 1:25 000.
**OBSERVACIONES:** el viento fuerte es frecuente en la zona de cumbre, incluso en verano. Es importante no aventurarse en el macizo con tiempo incierto o niebla.

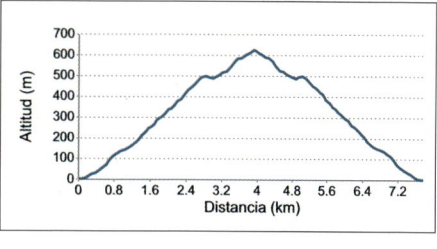

En la otra página, caminando con precaución por las placas graníticas que dan forma a la cumbre de A Moa, punto culminante de O Pindo.

# BUSCAR, PREGUNTAR, RESERVAR, ESPERAR...

## MEJOR
# suscríbete

- LA FORMA MÁS CÓMODA DE CONSEGUIR LA REVISTA.
  SOLO TIENES QUE ABRIR TU BUZÓN.

- LA MANERA MÁS ECONÓMICA DE CONSEGUIRLA.
  TODAS LAS OPCIONES TE OFRECEN UN VALOR AÑADIDO:
  BUENOS DESCUENTOS, BUENOS REGALOS.
  Y NUNCA PAGARÁS DE MÁS.

- DISFRUTA DE VENTAJAS RESERVADAS
  PARA NUESTROS SUSCRIPTORES.

- OPINA, COMPARTE, PARTICIPA.
  TU OPINIÓN
  NOS IMPORTA.

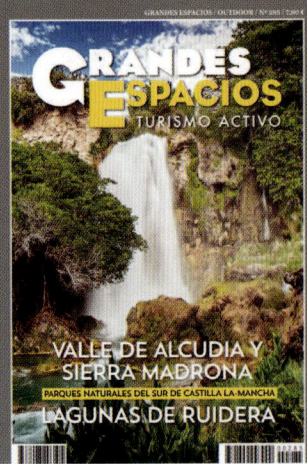